"상심한 자들을 고치시며
그들의 상처를 싸매시는도다
〈시 147:3, 개역개정〉

영혼치유기도서

펴낸일: 2025년 12월 30일
지은이: 신현복
발행처: 아침영성지도연구원
등 록: 제2014-000031호
홈페이지: www.ccm2u.com
주문전화: 02) 2203-2739
주문팩스: 02) 6455-2798

ISBN 979-11-956213-4-7 (03230)

영혼의 어두운 밤을 지나는 당신을 위한 따뜻한 위로

영혼치유기도서

신현복

SOUL HEALING PRAYER

아침영성지도연구원

SOUL HEALING PRAYER

edited by Shin, Hyun-Bok
by Achim Institute for Spiritual Direction
All Right Reserved.

십자가에
달리신 주님을 묵상하며
상처 입은 치유자가 되기를 소원하는

_____ 님께
드립니다.

이 책을 펴내면서

3년 전, 저는 금요치유기도회를 집례하다가 마지막 부분에서 갑자기 몸에 이상 증세를 느꼈습니다. 말이 어눌해지고, 머리가 빙빙 돌았습니다. 어, 이게 뭐지? 저 스스로도 저를 통제할 수가 없었습니다. 아내가 제단 위로 올라오더니, 제 손을 잡고 부축해서 내려갔습니다. 저는 그렇게 해서 병원을 3곳이나 전전하면서 급하게 뇌종양 수술을 받았습니다. 그것으로 끝이 아니었습니다. 그 뇌종양이 폐암에서 전이되었다는 주치의의 진단을 받고, 임상실험을 시작하게 되었습니다. 지금까지! 하나님의 은혜로! 3주에 한 번씩, 병원을 오가면서 저도 많이 지쳤습니다. 같이 동행해 주는 아내에게도 미안하구요. 그런데 병원에 갈 때마다 제가 느끼는 것이 있습니다. 아마 여러분도 느끼셨을 것입니다. 왜 이렇게 아픈 사람이 많지? 병원은 환자들로 북새통입니다. 부산에서, 목포에서, 저 산골에서, 저 섬에서, 기차를 타고, 비행기를 타고, 버스를 몇 번이나 갈아타고 오셨습니다. 해외에서 오시는 저분들도 있었습니다. 저도 새벽에 가면 자정이 되어 복귀하고 있습니다. 나도 이리 힘든데, 저분들은 얼마나 힘드실까! 어떤 분들은 전날 올라오셔서 병원 옆에 방을 잡고 주무시고 오시는 분들도 있었습니다. 나을 수만 있다면! 그 희망 하나 가지고!

이처럼 오늘도 이 땅에는 몸과 마음에 상처를 입고 아파하는 이들이 너무 많습니다. 고통의 터널 속에서 영혼의 어두운 밤을 홀로 보내고 있는 그들을 어떻게 진정으로 도울 수 있는 길이 없을까? 그것은 제 목회 여정 동안, 아니 신학을 시작하기 전부터, 줄 곧 지녀왔던 물음이었습니다. 그리고 그 구체적인 길이 무엇인지를 찾기 위하여 여러 분야에 걸쳐 많은 연구를 해왔습니다. 현대 심리치료의 발달과 첨단의학의 진보, 신학의 탈현대주의를 목격하면서 많은 도움을 받을 수 있는 길이 열리고 있음을 확인할 수도 있었습니다. 그럼에도 불구하고, 우리 인생은 여전히, 아니 갈수록 더, 고난의 현실 앞에서 영성적인 물음을 던지고, 그 대답 또한 영성적으로 주어지기를 갈망하고 있다는 현실 앞에, 저는 솔직한 고민을 하지 않을 수 없었습니다. 고난이란 무엇인가? 이 고통에 대한 하나님의 뜻은 무엇인가? 이 아픔의 의미를 어떻게 받아들여야 한단 말인가? 왜 하필이면 나란 말인가? 그리고 수많은 길을 돌고 돌아, 저는 마침내 그 궁극적인 치유의 길도 하나님께만 있음을 고백하지 않을 수 없었습니다. 제가 이 책에서 치유기도에 희망을 걸고 목말라하는 이유도 바로 여기에 있습니다.

　이 치유기도들은 제가 암 치유 과정을 지나면서 너무너무 절박한 심정으로 하나님께 올려드린 기도문들입니다. 여러분도 금방 느끼실 수 있을 것입니다. 머릿속에서 생각해서 드린 수려한 기도들이 아니니, 다소 투박할 수도 있습니다. 양해를 바랍니다. 절박하니, 다른 것은 아무것도 중요하지 않았습니다. 아무튼 이 심전심, 지금 아파하는 여러분에게도 최적의 도움이 되시기를 바랍니다. 또 일부는 미국 플로리다에 있는 크리스천치유교역연구소를 방문해서 치유세미나에 참석하며 모은 자료들을 한국 상황에 맞게 번역해 본 것입니다. 실제로, 저는 오래전에 크리스천치유교역연구소를 설립하신 프랜시스 맥너트의 <치유의 신학>과 <치유의 영성>을 번역한 적이 있습니다. 그런데 제가 암 진단을 받고, 정말 마지막이다 싶어, 이 세상과 작별여행이라도 하는 마음으로, 무작정 미국행 비행기를 타고 찾아갔던 곳이 바로 그곳이었습니다. 그분은 이미 하나님 품에 안기셨고, 그 아내 주디스 맥너트가 우리 부부를 따뜻하게 환대해 주셨습니다. 내가 번역한 책을 드리고 싶어서 이렇게 찾아왔다고 말씀드리니, 간절하게 모두가 저희 부부를 위하여 눈물로 기도를 해주셨습니다. 그리고 그곳에서 치유기도와 치유교역에 관하여 많은 것에 새롭게 눈을 떴습니다. 정말 기적 같은 치유여행이었습니다.

또 여기에 나오는 치유기도들은 아침영성지도연구원에서 판권을 받아 번역했거나 연구하고 있는 여러 가지 책들에서 발췌한 것들도 있음을 진실하게 밝힙니다. 그런데 아쉽게도 시간이 너무 오래되어, 정확한 저자가 누구였는지 또는 어디서 그 기도문들을 발견하고 스크랩해 두었는지 확실치 않은 것들이 좀 있었습니다. 또 역사 오랜 매우 고전적인 그리스도교 기도문들은 외국 기도서들에서도 그 출처를 찾기 어려운 경우가 있었습니다. 그러다 보니, 어느 것은 밝히고 어느 것은 밝히지 않는 게 일관성이 없어 보여, 아쉽지만 최종 편집 과정에서 모두 삭제하는 것으로 논의했습니다. 나중에 치유예식서가 나올 텐데, 거기에는 정확한 출처를 힘닿는 대로 더 찾아 밝히도록 하겠습니다. 이번에는 그 근거를 제대로 밝히지 못해서 너무나 죄송합니다. 하지만 몸과 마음과 영과 혼이 너무 아파, 당장 치유기도를 갈급해 하시는 분들을 최우선으로 생각하면서 안타까운 마음으로 실은 것이니, 혹 아쉬움이 보이시더라도 널리 양해해 주시면 감사하겠습니다. 어떻든 이 책으로 한 생명이라도 더 살릴 수 있었으면 좋겠습니다.

한글성경은 한국교회 일치를 위하여 개역개정판을 사용하였습니다. 상황에 따라서는 새번역이나 쉬운 성경이나 현대어 성경이나 현대인의 성경 등 다양한 번역판을 소개해 드렸습니다. 한국교회 기도문들 안에서 혼용되고 있는 '당신'이나 '우리'라는 표현은, 될 수 있는 대로 문법과 예법을 갖추어, '주님' 또는 '저희'로 통일시켜 보았습니다. 그러나 꼭 원문 그대로 살려야 될 경우에는, 그대로 두어 그 맛을 제대로 느낄 수 있도록 해드렸습니다. 또 각 기도문은 읽는 이들이 어느 자리 어느 상황에서든 곧바로 살려 쓸 수 있도록 완벽한 기도 틀을 갖추도록 다듬었습니다. 첫 부분에 성호를 부르는 것이나, 끝부분에 "예수님의 이름으로 치유기도 드립니다. 아멘."으로 마치게 한 것도 그런 배려 때문입니다. 그런 것까지도 제대로 실어드리지 않으면, 기도를 너무 어렵게 생각하는 분들이 있기에 그렇게 했음을 이해해 주십시오. 물론 지적인 기도로 끝나지 않고, 우리 부모님들까지도 그대로 활용이 가능하시도록 최대한 쉽게 쓰려고 노력해 보았습니다.

하나님의 나라는 말에 있지 않고 오직 능력에 있다고 하셨는데 (고린도전서 4:20), 정말 중요한 것은 이제부터 여러분이 이 치유 기도들을 사용하시면서, 여러분의 직접적인 호소와 부르짖음이 되어, 치유의 능력을 체험하시는 것이라고 생각합니다. 그래야 아픔의 터널을 지나고 있는 제 노력이 여러분에게 조금이라도 더 도움이 될 것이라고 확신합니다. 그것이 저를 살려주신 하나님의 뜻이요, 제 남은 소명이라고 확신합니다. 꼭 그런 놀라운 치유의 역사를 맛보시기를 기도하고 기대하고 기다립니다. 자, 그럼, 이제부터 상처 입은 치유자, 예수 그리스도의 치유하시는 능력을 체험해 보시지 않겠습니까? 저와 함께! 주님과 함께!

신현복 드림

차 례

①

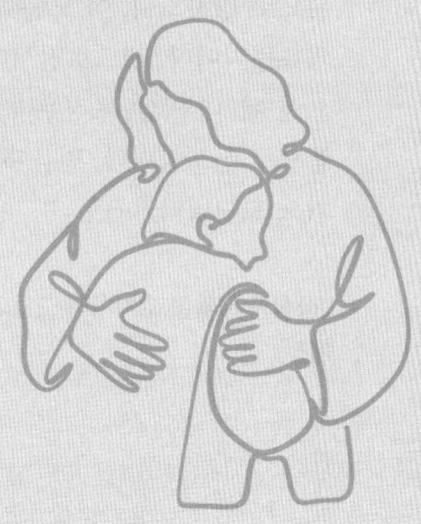

가슴과 마음에 심각한 자국이 남아 있을 때 드리는 치유기도

주님,

제가 겪은 이 끔찍한 상황은 제 가슴과 마음에 심각한 자국을 남겼습니다. 주님께서는 이 끔찍한 상황 그 한복판에서도 저를 일어난 그대로 보호해 주셨습니다. 이제 제가 겪은 이 심각한 사건을 처리하는 방법을 보여 주옵소서. 제 모든 감정을 주님께 풀어 놓을 수 있도록 도와주옵소서. 내가 살기 위해서라도 용서했노라 담대하게 떨쳐버리게 하옵소서. 이것을 통해 오히려 성장할 수 있도록 도와주옵소서. 이것조차 주님의 영광을 위해 사용될 수 있게 하옵소서. 성령님, 강하게 더 강하게 일하시옵소서. 주 예수의 이름으로 명하노니, 이 모든 외상, 트라우마, 심각한 상처는 깨끗이 치유될지어다. 베드로전서 2장 24절 말씀대로, 주께서 채찍에 맞으실 때, 내 외상, 트라우마, 심각한 상처는 이미 치유되었음을 믿음으로 선포합니다. 믿음대로 될지어다. 예수님의 이름으로 치유기도 드립니다. 아멘.

"상심한 자들을 고치시며 그들의 상처를 싸매시는 도다" 〈시 147:3, 개역개정〉

가슴에 한이 맺힐 때 드리는 치유기도

주님,
제가 주님께 소리 높여 부르짖습니다. 부르짖는 이 소리를 들으시고, 저에게 귀를 기울여 주옵소서. 고난 당할 때, 저는 주님을 찾았습니다. 밤새도록 두 손 치켜들고 기도를 올리면서, 제 마음은 위로를 받기조차 마다하였습니다. 제가 하나님을 기억하면서 한숨을 짓습니다. 주님 생각에 골몰하면서, 제 기운은 쇠약하여 갑니다. 주님께서 저를 뜬눈으로 밤을 지새우게 하시니, 제가 지쳐서 말할 힘도 없습니다.

제가 옛날 곧 흘러간 세월을 회상하며 밤새 부르던 제 노래를 생각하면서, 생각에 깊이 잠길 때에, 제 영혼이 속으로 묻습니다. '주님께서 나를 영원히 버리시는 것일까? 다시는, 은혜를 베풀지 않으시는 것일까? 한결같은 그분의 사랑도 이제는 끊기는 것일까? 그분의 약속도 이제는 영원히 끝나 버린 것일까? 하나님께서 은혜를 베푸시는 일을 잊으신 것일까? 그분의 노여움이 그분의 긍휼을 거두어들이신 것일까?' 그때 저는 또 이런 생각도 들었습니다. '가장 높으신 분께서 그 오른손을 거두시는 것, 이것이 나의 슬픔이로구나!'

주님, 주님께서 하신 일을 저는 회상하렵니다. 그 옛날에 주님께서 이루신, 놀라운 그 일들을 기억하렵니다. 주님께서 해주신 모든 일을 하나하나 되뇌고, 주님께서 이루신 그 크신 일들을 깊이 깊이 되새기겠습니다.

주님, 주님의 길은 거룩하십니다. 주님만큼 위대하신 신이 누구입니까? 주님은 기적을 행하시는 하나님이시니, 주님께서는 주님의 능력을 만방에 알리셨습니다. 주님의 백성을 주님의 팔로 속량하셨습니다. 주님의 백성을 양 떼처럼 이끄시는 예수 그리스도의 이름으로 치유기도 드립니다. 아멘.

 "너희는 하나님의 은혜에 이르지 못하는 자가 없도록 하고 또 쓴 뿌리가 나서 괴롭게 하여 많은 사람이 이로 말미암아 더럽게 되지 않게 하며"〈히 12:15, 개역개정〉

갈등을 극복하고 싶을 때 드리는 치유기도

주님,
많은 갈등이 제 어깨를 짓누릅니다.
혼란스럽습니다.
그럼에도 불구하고, 비오니,
주님의 길을 선택하게 하옵소서.
사는 동안, 순간순간, 거듭거듭,
주님의 방식을 선택하게 하옵소서.
무엇인가를 생각할 때에도,
주님의 생각을 선택하게 하옵소서.
무엇인가를 말할 때에도,
주님의 말씀을 선택하게 하옵소서.
무엇인가를 행할 때에도,
주님의 행동을 선택하게 하옵소서.
예수님의 이름으로 치유기도 드립니다. 아멘.

"증오는 갈등만 낳고 사랑은 허다한 허물을 덮는다." 〈잠 10:12, 현대어〉

감사를 통한 치유기도

주님,
2022년 4월, 혼자 잘 때 쓰러졌으면 그대로 죽는 건데, 마침 금요 치유기도회 정확히 딱 끝나는 순간, 의사 권사님이 교회에 딱 나와 계셔서, 바로 내 증상을 알아보게 하셨으니, 그래서 감사!

부랴부랴 119 구급차가 도착하게 해주시고, 이 병원 저 병원으로 뺑뺑이 돌리지 않게 해주시고, 바로 곁 충남대병원 응급실로 갈 수 있도록 연결해 주신 의사 청년이 우리 교회에 있었다는 게, 그래서 감사!

1초라도 망설였으면 큰일 날뻔했는데, 바로 큰 병원으로 가보라고 해주신 충남대병원 의사 선생님들의 발 빠른 조치가 있었으니, 그래서 감사!

교인들이 여기저기 백방으로 알아봐 주시고, 우리 집 아이들의 눈물을 보시고, 바로 와야 살릴 수 있다는 우리나라 최고의 명의를 만날 수 있게 해주셨으니, 그래서 감사!

6시간 뇌수술을 했음에도, 언어 마비가 오지 않고, 이렇게 다시 또 박또박 설교하게 해주셨으니, 그래서 감사!

수술 중에, 주님 계신 그 아름다운 천국을 미리 보고 오고, 확신을 갖고 선포하게 해주시니, 그래서 감사!

기도하시는 분들이, 매일 밤 교회 나오셔서, 중보기도를 해주신다는 소식을 듣고, 너무너무 가슴이 뜨거워져, 그래서 감사!

유치부부터 전 교인들이, 애절한 마음으로, 심금을 울리는 카톡과 전화와 문자와 영상을 보내 주시니, 그래서 감사!

쓰러지기 바로 며칠 전, 부목사님을 뽑아서, 내 공백을 부교역자들이 기막히게 선방하게 해주셨으니, 그래서 감사!

내 영혼의 친구, 선하신 장로님들이, 목사님, 교회는 아무 걱정 마시라고, 건강만 챙기시라고, 너무너무 큰 힘이 되어주시니, 그래서 감사!

지나온 교회 성도들, 주변에 계신 많은 분들이 소식을 듣고, 진심으로 걱정해 주시고, 기도해 주시니, 그래서 감사!

우리가 있다, 날마다 응원해 주시는 형제자매들의 기도, 낙심이 될 때마다 어떻게 아셨는지 기가 막힌 메시지로 하늘의 음성을 보내 주시는 어머니의 기도, 우리 딸 과부 안 되게 해줘서 고맙네, 장모님과 처가 식구들의 기도가 있었으니, 그래서 감사!

애초 3주밖에 못 산다고 해서, 병상에서 왜 하필이면 나냐고 하염없이 울었는데, 이렇게 3년을 다시 살려주시고, 앞으로 30년도 더 살게 해주시리, 그래서 감사!

하루하루 얼굴 부기가 빠지고, 이제 다시 제 얼굴이 오게 해주시고, 몸무게도 가장 좋게 해주시니, 그래서 감사!

아직도 항암 부작용으로, 다리에 마비가 오고, 얼굴에 뭐가 막 나고, 온몸이 너무 가렵고, 죽고 싶어질 정도로 괴로울 때도 있지만, 아내가 아침마다 따뜻한 미소로, 잘 잤어요? 웃어 주니, 그래서 감사!

밤마다 1시간에 한 번씩 깨느라, 새벽설교를 제대로 못 하지만, 교인들이 나보다 나를 더 이해해 주고, 긍휼한 마음으로 품어주고, 교회가 어떻다 불평하지 않으니, 그래서 감사!

아이들에게 그동안 신경 못 쓰고 미안했던 것들 용서를 구하고, 화해하고, 매일 밤 축복기도 하게 해주시니, 그래서 감사!

환난 중에도, 국내외 더 깊은 치유교역자와 영성지도자들을 만나, 내 부족했던 치유의 영성을 일깨우고, 하나님의 임재를 생각지도 않게, 놀랍도록 체험하게 해주시니, 그래서 감사!

쉬는 동안 성경을 다시 통독하고, 나를 살리시는 생명의 말씀으로, 생명줄 붙잡고 나아가게 해주시니, 그래서 감사!

세상과 작별여행으로 떠났던 미국여행을, 치유여행으로 바꿔 돌아오게 해주시니, 그래서 감사!

이제는 누구도 저주하지 않고, 축복만 하겠노라, 축복을 선포하고 축복을 설교하고 블레싱 칼럼을 쓰게 하시니, 그래서 감사!

이제는 덜 완벽해도 되겠다 싶고, 누구의 막말에도 스트레스를 받지 않겠노라 결심하게 해주시니, 그래서 감사!

이 교회가 내 교회가 아니고, 교인들의 교회도 아니고, 주님의 피 묻은 교회임을 알게 하시고, 오로지 주님께 다 맡기고, 주님만 바라보게 해주시니, 그래서 감사!

상처 입은 치유자 되어, 나처럼 환난 중에 갈피를 못 잡는 이들의 영혼을 돌보고 치유하는, 새로운 소명의 길을 가게 해주시니, 그래서 감사!

주님, 감사합니다. 그래서 감사합니다. 그래서 감사합니다. 이 모든 감사, 나를 살려 주신 예수님의 이름으로 치유기도 드립니다. 아멘.

"하나님을 알되 하나님을 영화롭게도 아니하며 감사하지도 아니하고 오히려 그 생각이 허망하여지며 미련한 마음이 어두워졌나니"〈롬 1:21, 개역개정〉

강박증 치유기도

생명의 빛 되신 주님,
보이지 않는 사슬에 묶여 간절한 마음으로 두 손을 모읍니다. 생각의 미로에 갇혀 헤매는 저에게 주님의 말씀이 등불이 되어주옵소서. 반복되는 두려움의 굴레를 주님의 능력으로 끊어내시고, 혼란스러운 마음에 평온의 파도를 일으키옵소서. 예수 그리스도의 이름으로 명하노니, 강박의 영은 내 영혼에게서 떠나갈지어다! 강박적인 생각과 행동의 묶임은 끊어질지어다! 주님의 생명수가 내 영혼 깊은 곳까지 흘러, 상처 입은 마음이 치유되고 회복될지어다! 주님의 완전한 평화가 임하여, 혼란스럽던 마음의 파도가 잠잠해질지어다! 주님의 진리 안에서 참된 자유를 누리게 될지어다! 이제는 두려움 대신 믿음을, 불안 대신 평안을 선택하며 살아갈지어다! 주님, 강박의 어둠이 드리운 곳마다 자유의 햇살을 비추시고, 억눌린 영혼에 생기를 불어넣으사, 온전한 회복과 기쁨을 누리게 하옵소서. 주님의 사랑 안에서 참된 저를 발견하고, 두려움 없이 세상으로 나아가게 하옵소서. 제 영혼을 자유케 하신 예수 그리스도의 이름으로 치유기도 드립니다. 아멘.

"진리를 알지니 진리가 너희를 자유롭게 하리라" 〈요 8:32, 개역개정〉

걱정될 때 드리는 치유기도

주님,
심히 걱정스럽고 두렵습니다. 불안과 염려가 제 마음을 꽉 채우고 있습니다. 주님을 향한 제 사랑이 어쩌면 이리도 약하고 불완전한 지요? 그 결과, 제가 걱정으로 괴로워하고 있습니다. 저 스스로도 걱정할 게 무어냐고 애써 안심시켜 보았습니다. 하지만 그러한 안심은 아무런 도움도 되지 않는 것 같습니다. 오직 주님의 사랑 가득한 돌보심과 인도하심에, 전적으로 의지해야 한다는 사실을, 저는 너무나도 잘 알고 있습니다. 하지만 너무나도 초조한 나머지, 도저히 그럴 수가 없습니다. 주님, 주님의 평화로 저를 어루만져 주옵소서. 뒤숭숭한 제 마음을 도우셔서, 주님이 하나님이심을 알게 하시고, 그 어떤 악한 세력도 두려워할 필요가 없음을 깨닫게 하옵소서. 예수 그리스도의 이름으로 치유기도 드립니다. 아멘.

"또 제자들에게 이르시되 그러므로 내가 너희에게 이르노니 너희 목숨을 위하여 무엇을 먹을까 몸을 위하여 무엇을 입을까 염려하지 말라" 〈눅 12:22, 개역개정〉

건강 회복이 너무도 더딜 때 드리는 치유기도

하나님,

건강을 회복해 가는 이날들이 너무도 더디게 흘러, 그 어느 때보다도 큰 인내를 제게 요구하고 있습니다. 평상시의 관심사들로 돌아가고 싶습니다. 하지만 저는 너무나도 쉽게 지쳐 버립니다. 제가 아직도 직장 일을 할 수 없다는 사실이 인정하기 힘듭니다. 제가 지금까지 인내로 버텨온 모든 일들이 수포로 돌아가지 않도록 지켜주옵소서. 그리고 저와 똑같이 회복의 날들이 더디 흘러가는 것처럼 느껴지는 다른 모든 사람, 집에 있는 사람들이나 병원에 있는 사람들, 모두를 위해 기도합니다. 건강과 온전함을 되찾기 위해 최선을 다하고 있는 그들을 도와주옵소서. 예수 그리스도의 이름으로 치유기도 드립니다. 아멘.

"이 묵시는 정한 때가 있나니 그 종말이 속히 이르겠고 결코 거짓되지 아니하리라 비록 더딜지라도 기다리라 지체되지 않고 반드시 응하리라" 〈합 2:3, 개역개정〉

건강염려증 치유기도

모든 두려움을 물리치시는 주님,
주님은 제 마음의 가장 깊은 곳을 환히 비추시는 빛이십니다. 지금 저는 제 육신의 작은 신호에도 마음이 폭풍처럼 흔들립니다. 존재하지 않는 질병의 그림자를 쫓으며, 스스로를 병들게 하는 두려움의 감옥에 갇혀 있습니다. 제 몸을 향한 제 염려와 불안을 모두 주님께 내려놓습니다. 제 마음에 자리 잡은 불신의 뿌리를 뽑아주시고, 거짓된 공포의 속삭임으로부터 저를 자유롭게 하옵소서. 두려움 대신 주님을 향한 온전한 신뢰를 심어주시고, 걱정 대신 주님의 사랑 안에서 깊은 안식을 누리게 하옵소서. 제 몸을 주님이 지으신 온전한 성전으로 바라보게 하시고, 모든 기능이 주님의 사랑 안에서 조화롭게 움직이도록 축복하여 주옵소서. 이제 저는 주님의 보호하심 아래, 온전하고 건강한 존재임을 믿음으로 선포합니다. 제 남은 삶이 두려움이 아닌 감사의 노래로 채워지게 하옵소서. 예수 그리스도의 이름으로 치유기도 드립니다. 아멘.

"그러므로 내일 일을 위하여 염려하지 말라 내일 일은 내일이 염려할 것이요 한 날의 괴로움은 그날로 족하니라" 〈마 6:34, 개역개정〉

고난 당하고 있는 이들을 위하여 드리는 치유기도

주님,

비오니, 저를 도우시고 보호하여 주옵소서. 핍박받는 이들을 건져 주옵소서. 무시당하는 이들을 불쌍히 여겨 주옵소서. 넘어진 이들을 일으켜주옵소서. 궁핍한 이들에게 주님을 보여 주옵소서. 아픈 이들을 고쳐 주옵소서. 곁길로 나간 주님의 백성들을 돌아오게 해 주옵소서. 굶주린 이들을 먹여 주옵소서. 연약한 이들을 높여 주옵소서. 갇힌 이들의 결박을 풀어주옵소서. 모든 민족이 알게 하옵소서. 주님 홀로 하나님이심을! 예수 그리스도께서 하나님의 아들이심을! 저는 하나님의 백성이요, 기르시는 양임을! 예수 그리스도의 이름으로 치유기도 드립니다. 아멘.

"만일 그리스도인으로 고난을 받으면 부끄러워하지 말고 도리어 그 이름으로 하나님께 영광을 돌리라" 〈벧전 4:16, 개역개정〉

고요함을 누리고 싶을 때 드리는 치유기도

주님,
주님의 마음은 평화로 가득 차 있습니다.
제 안에도 주님의 평화가 임할 수 있음을 믿습니다.
주님의 고요하심이
이제 제 마음속으로 들어오고 있습니다.
주님의 치유하심이
이제 제 마음속으로 들어오고 있습니다.
주님의 평화로우심이
이제 제 마음속으로 들어오고 있습니다.
이 창조적인 고요함의 축복,
주님, 너무너무 감사합니다.
더 깊이, 더 깊이, 들어 오시옵소서.
예수님의 이름으로 치유기도 드립니다. 아멘.

"새벽 아직도 밝기 전에 예수께서 일어나 나가 한적한 곳으로 가사 거기서
기도하시더니" 〈막 1:35, 개역개정〉

고집스러운 성깔을 회개하고 싶을 때 드리는 치유기도

오 다가갈 수 없는 빛이시여,
어찌 이 추한 손을 모아 주님께 기도할 수 있으리요! 거짓말과 비열한 말들을 쏟아냈던 그 입술로 어찌 주님께 기도할 수 있으리요! 복수심으로 굳어 버린 이 마음, 제어되지 못한 혀, 고집스러운 성깔, 다른 이의 짐을 안 지고 싶어 하는 마음, 다른 이에게 내 짐을 지우고 싶어 하는 심보, 고상한 직업에 종사하면서도 성취하는 것은 별로인 삶, 그럴싸한 말로 치장된 비루한 생각, 친절한 표정 안에 숨겨진 차가운 마음, 수포로 만들어 버린 좋은 기회들, 개발하지 않고 방치해 버린 많은 재능들, 무심코 지나쳐 버린 그 많은 사랑과 아름다움들, 알아차리지 못하고 받은 그 많은 복! 주님, 이 모든 허물을 고백합니다. 부디 용서해 주옵소서. 예수님의 이름으로 치유기도 드립니다. 아멘.

"성급하게 성을 내지 말아라. 바보들이나 성깔을 부린다." 〈전 7:9, 현대어〉

고통 가운데 있는 사람들을 위하여 드리는 치유기도

주님,

고통 가운데 있는 _____를 위하여 주님께 기도합니다.

오셔서 다시 한번 주님의 적을 치옵소서.

주님께서 사랑하시는 _____의 고통을 덜어 주옵소서.

축복해 줄 수 있는 기술을 가르쳐 주옵소서.

고요함을 주옵소서.

그리고 주님,

이 고통이 절대 끊이지 않으리라며

불안해하는 _____에게,

가까이 임하옵소서.

그렇게 해주시면, _____가 평안을 얻을 것입니다.

예수님의 이름으로 치유기도 드립니다. 아멘.

"여호와께서 애굽을 치실지라도 치시고는 고치실 것이므로 그들이 여호와께로 돌아올 것이라 여호와께서 그들의 간구함을 들으시고 그들을 고쳐주시리라" 〈사 19:22, 개역개정〉

고통당하고 있는 이들이 생각날 때 드리는 치유기도

영원하신 하나님,
그리스도의 십자가 희생을 통하여 베풀어 주신 하나님의 위대한 사랑과, 제가 그분의 부활로써 얻은 새 생명을 생각하며 찬양을 드립니다. 특별히 제가 감사드리는 것은, 제 연약함과 고난 속에 그리스도께서 현존하심과, 말씀과 성례전의 교역과, 돌보아 주고 치유해 주는 이들 모두와, 제 유익을 위해 치러진 희생과, 제가 너그럽게 베풀 수 있도록 기회를 주신 일에 대해서입니다.

은혜로우신 하나님, 제가 다른 사람에게 관심을 보일 때, 제 기도 속에서뿐만 아니라, 제 실천 속에서도, 그리스도께서 자신을 내어 주셨던 사랑을 순간순간 드러낼 수 있도록 해주옵소서. 특별히 기도드리는 것은, 몸과 마음이 아픈 이들과, 장기간 병원에 입원해 있는 이들과, 폭정과 압제에 시달리고 있는 이들과, 상처받고 다친 이들과, 죽음에 직면해 있는 이들과, 제 적이라고 할 수 있는 이들과, 가난한 지역에 있는 교회들에 대해서입니다.

신실하신 하나님, 오늘도 그들을 주님이 펼치시는 치유의 날개 아래 품어주옵소서. 저를 지으시고, 치유하시며, 강건케 하시는, 예수 그리스도의 이름으로 치유기도 드립니다. 아멘.

"예수께서 돌이켜 그를 보시며 이르시되 딸아 안심하라 네 믿음이 너를 구원하였다 하시니 여자가 그 즉시 구원을 받으니라" 〈마 9:22, 개역개정〉

고통의 신비 속에서 드리는 치유기도

주님,

고통의 신비 때문에, 괴로움을 겪고 있는 저를 긍휼히 여겨 주옵소서. 제 모든 고통을 누구보다 잘 아시는 주님, 주님의 사랑을 저에게 이 시간 강하게 드러내옵소서. 주님과 교제 속에서 생겨난 고통은 낭비나 좌절이 아니라, 선함과 축복으로 바뀔 수 있음을, 제가 알게 하옵소서. 이제껏 제가 겪어왔던 것들보다, 더 위대한 것으로 바뀔 수 있음을 알게 하옵소서. 주님께서는 몸소 십자가 위에서, 거절과 증오와 외로움과 절망을 모두 겪으셨습니다. 고통과 육체적 죽음으로 괴로움을 겪으셨습니다. 하지만, 하지만, 사망 권세로부터, 마침내, 마침내, 영광스러운 승리를 얻으셨습니다. 저에게도 그 기적을 베풀어 주옵소서. 그 은혜를 베풀어 주옵소서. 그 사랑을 베풀어 주옵소서. 우리 주 예수 그리스도의 이름으로 치유기도 드립니다. 아멘.

"하나님은 아프게 하시다가 싸매시며 상하게 하시다가 그의 손으로 고치시나니" 〈욥 5:18, 개역개정〉

곤경에 처했을 때 드리는 치유기도

주님,
제 마음은 너무도 좁고, 주님의 마음은 너무도 크십니다. 제 마음이 주님의 마음속에서 쉬고 있습니다. 제 마음을 주님의 위대하신 생각들로 채워주옵소서. 오직 주님께서 명하신 대로만 살고, 생각하고, 행동하길 원합니다. 제 마음에 영적인 통찰력과 진정한 지혜가 가득 차 흘러넘치게 하옵소서. 주님의 생각대로 제가 생각하게 하옵소서. 지금 이 문제에 대해서도 주님께서 인도해 주시며, 궁극적으로는 모든 문제를 다 해결하여 주실 줄 믿습니다. 옳은 일을 행하는 데 결코 실수할 수 없다는 사실을 제가 깨달을 수 있도록 도와주옵소서. 예수님의 이름으로 치유기도 드립니다. 아멘.

"욥이 그의 친구들을 위하여 기도할 때 여호와께서 욥의 곤경을 돌이키시고 여호와께서 욥에게 이전 모든 소유보다 갑절이나 주신지라" 〈욥 42:10, 개역개정〉

곤욕을 당하여 괴로울 때 드리는 치유기도

하나님,
제가 곤욕을 당하여 괴로울 때마다,
항상 저와 함께 해주심을 감사드립니다.
저를 향한 하나님의 사랑이
점점 더 커져만 가는 것 같습니다.
친구들의 격려와,
가장 가까운 사람들의 돌봄도,
제가 잊지 않고 감사하고 있습니다.
하나님의 선하심을 기억하고,
다가올 모든 날을 믿음과 소망으로 채우게 하옵소서.
예수님의 이름으로 치유기도 드립니다. 아멘.

"그가 곤욕을 당하여 괴로울 때에도 그의 입을 열지 아니하였음이여 마치 도수장으로 끌려가는 어린 양과 털 깎는 자 앞에서 잠잠한 양 같이 그의 입을 열지 아니하였도다" 〈사 53:7, 개역개정〉

공허함 치유기도

메마른 영혼에 생수를 부어주시는 주님,
깊은 우물처럼 비어버린 마음을 주님께 올려드립니다. 세상의 어떤 것으로도 채울 수 없는 이 공허함은, 결국 주님을 향한 그리움이었음을 이제야 깨닫습니다. 내 안의 모든 허무함과 무기력함을 받아주옵소서. 주님, 주님의 임재로 이 마음을 가득 채워 주옵소서. 마음의 빈자리에 주님의 사랑을, 영혼의 메마른 땅에 주님의 평화를, 삶의 의미를 잃어버린 곳에 주님의 소망을 심어주옵소서. 주님의 빛으로 제 존재를 밝히시어, 온전한 주님의 자녀로 다시 태어나게 하옵소서. 다시는 세상의 헛된 것을 찾지 않게 하시고, 오직 주님 한 분만으로 기뻐하는, 충만, 충만, 충만한 삶을 살게 하옵소서. 제 마음을 주님의 성령으로 채워주옵소서. 예수 그리스도의 이름으로 치유기도 드립니다. 아멘.

"내 백성이 두 가지 악을 행하였나니 곧 그들이 생수의 근원 되는 나를 버린 것과 스스로 웅덩이를 판 것인데 그것은 그 물을 가두지 못할 터진 웅덩이들이니라" 〈렘 2:13, 개역개정〉

괴로워하는 사람들을 위하여 드리는 치유기도

하나님,
용기와 인내로
괴로움을 견디고 있는 _____를 생각하며,
하나님께 감사, 감사를 드립니다.
_____의 삶을 비추어 주시고,
제 삶을 이끌어주시니 감사합니다.
_____에게 확고한 사명감을 심어주옵소서.
_____가 주님의 완벽하신 모본을 따라,
주님의 괴로움을 함께 나눈다는 사실을 깨닫고,
힘을 얻을 수 있게 하옵소서.
_____에게 가까이 임하셔서,
하나님의 능력을 부어주옵소서.
하나님의 평화를 부어주옵소서.
예수님의 이름으로 치유기도 드립니다. 아멘.

"상심한 자들을 고치시며 그들의 상처를 싸매시는도다"〈시 147:3, 개역개정〉

귀신축출을 위한 치유기도

주 예수 그리스도시여,

주님께서는 주님의 이름으로 저에게 악한 세력을 묶어 버릴 권세를 주셨습니다. 그러므로 예수 그리스도의 이름과, 그분의 십자가와 보혈의 능력으로, 모든 악한 영의 세력을 묶어, 제 삶에 어떤 식으로든 간섭하지 못하도록 명합니다. 저에게 보내진 모든 저주, 주술, 주문을 깨뜨리고 무효로 선언합니다. 저에게 보내진 모든 악한 영의 명령을 깨뜨리고 예수님께 보냅니다. 예수님의 뜻대로 처리될지어다! 주님, 주님의 성령을 보내시어, 제 원수들을 회개와 회심으로 인도해 주옵소서. 그들을 축복해 주시기를 간구합니다. 더 나아가, 저에게 영향을 미치는 악한 영의 세상에서, 모든 교류와 소통을 묶어 주시길 간구합니다. 주님께서 흘리신 보혈로, _____를 보호해 주시기를 간구합니다. 저는 저와 제 마음속에 있는 사람들에게 하나님의 전신 갑주를 입힙니다. 주님이 저를 사랑하시고 보호해 주심을 알고, 항상 기도할 수 있는 믿음의 은사를 주옵소서. 주님은 제 피난처시요, 요새시요, 숨는 곳이시니, 주님의 사랑 안에 안전하게 있습니다.

-회개와 포기기도

예수 그리스도의 이름과 권세로, 죄악된 생각과 행동의 패턴에 대해, 제 생각과 삶의 방향을 바꿉니다. 저는 _____을 회개합니다. (성령님께서 여러분 마음에 주시는 모든 것을 구체적으로 말씀해 주십시오. 자신을 분석할 필요는 없습니다.) 하나님께서 금하신 활동 속에서, 미래나 초자연적인 능력에 대한 지식을 추구했던 모든 방식을 회개합니다. (소리 내어 말하세요.) 예수님의 이름으로, 저는 모든 점술을 거부합니다. (타로 카드, 영매, 강령회, 점술, 점성술, 위자보드 등 미래에 대한 지식을 얻는 것과 관련된 모든 행위에 대해 구체적으로 말씀해 주십시오.) 저는 예수님의 이름으로, 마법, 주문, 물약, 저주, 무당, 부적, 또는 모든 종류의 마법 행위를 통해 지배력이나 권력을 얻으려는 모든 시도를 거부합니다. (특히 성령님께서 생각나게 하시는 모든 행위, 단 한 번만 관여한 행위라도 거부합니다.) 저는 예수님의 이름으로, 이러한 행위를 통해, 고의든 무의식이든, 악과 맺었던 모든 계약을 파기합니다. 또한 거짓 신비주의나 심령 치유를 추구했던 모든 방식을 거부합니다. (구체적으로 말씀해 주십시오.) 예수님의 이름으로, 저는 이러한 행위들과 완전히 단절합니다. 저는 이단이나 사이비 입문의식에서 했던 모든 종류의 파괴적인 맹세나 죽음에 대한 소원, 또는 어떤 상황에서든 스스로에게 했던 모든 말을 거부합니다. 예수님의 이름으로, 저는 이러한 맹세나 죽음의 소망에 완전히 동의하지 않습니다.

-귀신축출기도

예수 그리스도의 이름으로, _____의 영(영이나 상태를 말하십시오.)을 다스리는 권세를 주님께 위임합니다. 모든 괴롭힘, 억압, 보복의 영은 주님께 가서 하나로 묶임을 받을지어다! 어떤 식으로든 나를 해치거나 방해하지 말고 떠나갈지어다! 예수 그리스도께 곧장 나아가 그분의 뜻대로 다루어질어다! 저는 예수 그리스도께 속했으며 그분의 피로 덮여 있습니다. 성령님, 오셔서 악령들이 비운 모든 빈 공간을 채워주옵소서. 트라우마, 죄, 주술적 행위, 또는 세대적 영향 때문에 제가 취약했던 모든 진입 지점을 드러내도록 진리의 빛을 비추어 주시기를 간구합니다. 성령님, 근본적인 치유를 가져다주옵소서. 예수님의 이름으로 명하노니, 내 삶에서 원수에게 접근하는 모든 문은 닫혀질지어다!

주님, 저를 이러한 영들로부터 자유롭게 해주셔서 감사합니다. 주님의 거룩한 천사들로 저를 감싸 주시고, 주님의 피로 저를 덮어주옵소서. 원수의 계략을 분별할 수 있는 지혜를 주시고, 성령의 능력으로 원수를 대적할 수 있도록 저를 강하게 해주옵소서. 주님의 사랑과 보호에 감사드립니다. 예수님의 이름으로 치유기도 드립니다. 아멘.

"우리를 시험에 들게 하지 마시옵고 다만 악에서 구하시옵소서 (나라와 권세와 영광이 아버지께 영원히 있사옵나이다 아멘)" 〈마 6:13, 개역개정〉

그 사람을 끝까지 사랑하고 싶을 때 드리는 치유기도

섬기러 오신 주님,
고난의 길에서 제자들의 발을 씻어 주시고,
주님의 몸과 피를,
먹고 마실 음식으로 제공해 주시니 감사합니다.
이 두 가지 행동을 통하여,
주님의 완전하신 사랑을 저에게 보여 주시니,
너무나 감격스럽습니다.
비오니, 저도 주님을 본받아,
_____를 사랑하되, 끝까지 사랑하게 하옵소서.
조건을 뛰어넘게 하옵소서.
하나님의 사랑으로 품게 하옵소서.
한 몸과 한 영이 되게 하옵소서.
사랑의 나눔 있는 곳에 주님이 계심을,
온몸으로 증언하게 하옵소서.
예수님의 이름으로 치유기도 드립니다. 아멘.

"유월절 전에 예수께서 자기가 세상을 떠나 아버지께로 돌아가실 때가 이른 줄 아시고 세상에 있는 자기 사람들을 사랑하시되 끝까지 사랑하시니라"〈요 13:1, 개역개정〉

그리움 치유기도

제 마음 깊은 곳, 아린 그리움을 아시는 주님,
밤하늘에 떠 있는 외로운 별처럼, 끝없이 펼쳐진 먼 길처럼, 이 그
리움이 제 영혼을 흔듭니다. 채울 수 없는 허전함으로 괴로워하는
저를 불쌍히 여겨 주옵소서. 주님, 이 모든 그리움의 끝에 결국 주
님이 계셨음을 깨닫게 하옵소서. 제가 진정으로 갈망했던 것은 사
라진 사람도, 지나간 시간도 아닌, 바로 주님과 걷는 온전한 동행
이었음을 고백합니다. 이제 제 메마른 마음에 주님의 사랑 가득한
강물을 부어주시고, 그리움의 눈물을 닦아주시며, 주님의 평화로
가득 채워주옵소서. 모든 것을 다 맡겨드리고, 주님의 따스한 품
안에서 기쁨과 소망을 얻게 하옵소서. 영원한 채움이 되시는 주님
을 찬양합니다. 가장 아름다운 때에 모든 것을 이루실 것을 믿으
며, 예수 그리스도의 이름으로 치유기도 드립니다. 아멘.

"사랑하는 믿음의 형제들이여, 내 마음은 여러분을 향한 그리움으로 가득
차 있습니다. 여러분은 나의 기쁨이며 내가 일해서 얻은 열매입니다. 나의
사랑하는 친구들이여, 주님 안에서 진실한 믿음을 굳게 지키십시오." 〈빌
4:1, 현대어〉

근거 없는 말로 모함을 받았을 때 드리는 치유기도

주님,

나의 주 예수 그리스도시여, 사람들이 근거 없는 말로 저에게 상처를 주고 명예를 더럽힙니다. 제 권리를 손상시킵니다. 저는 참을 수가 없습니다. 그들을 대면하고 싶지가 않습니다. 주님, 제 기도를 들어 주옵소서. 마음으로는 기꺼이 이웃들에게 친절을 베풀기 원하지만, 실제로는 그러지 못합니다. 제가 얼마나 냉정하고 마음이 굳어 있는지요! 주님, 저는 무력하고 외롭습니다. 주님께서 저를 바꾸시면, 제가 진실해질 것입니다. 주님, 주님의 은혜로 저를 고쳐 주옵소서. 그렇지 않으면, 이 상태로 살아가야 합니다. 부디 저를 고쳐 주옵소서. 도우시는 우리 주 예수 그리스도의 이름으로 치유기도 드립니다. 아멘.

"여자들도 이와 같이 정숙하고 모함하지 아니하며 절제하며 모든 일에 충성된 자라야 할지니라" 〈딤전 3:11, 개역개정〉

근심될 때 드리는 치유기도

사랑의 예수님,
암탉이 병아리를 날개로 품어 보호함같이,
암탉이 병아리를 날개로 품어 보호함같이,
암탉이 병아리를 날개로 품어 보호함같이,
이 어두운 밤,
이 어두운 밤,
이 어두운 밤,
주님의 황금 날개 그늘 아래,
주님의 황금 날개 그늘 아래,
주님의 황금 날개 그늘 아래,
저를 품어주옵소서.
저를 품어주옵소서.
저를 품어주옵소서.
감사하며,
예수님의 이름으로 치유기도 드립니다. 아멘.

"너희는 마음에 근심하지 말라 하나님을 믿으니 또 나를 믿으라" 〈요 14:1,
개역개정〉

금식을 통한 치유기도

주님,

저를 위하여, 몸소 사십 일 밤과 낮을 금식하신 주님을 생각할 때마다, 무한감사를 드립니다. 비오니, 저에게도 이 금식기도 기간 동안, 그러한 거룩한 절제를 사용할 수 있는 은혜를 주옵소서. 제 육체가 성령에 순복하게 해주옵소서. 제가 의로움과 참된 거룩함 속에서, 주님의 신적인 행동에 전적으로 순종하게 하옵소서. 그리하여 주님께 존귀와 영광을 돌리게 해주옵소서. 한 하나님이신, 성부 성령과 함께, 세상 끝 날까지, 살아 계셔서 다스리시는, 우리 주 예수 그리스도의 이름으로 치유기도 드립니다. 아멘.

"내가 이 말을 듣고 앉아서 울고 수일 동안 슬퍼하며 하늘의 하나님 앞에 금식하며 기도하여" 〈느 1:4, 개역개정〉

기대대로 안 될 때 드리는 치유기도

주님,

어쩌면 이렇게도 빨리 이 치유기도 기간이 휙 지나가 버리는지요?
두려움 반, 기대 반으로 이 치유기도를 시작했는데! 놀랍도록 비
약하리라, 강력하게 회심하리라, 진정으로 변화되리라 고대했는
데! 마침내 이 치유기도 기간이 끝나면, 빛으로 가득 차 제 영혼 속
에 어둠이라곤 흔적도 찾아보기 힘들 것이라 예견했는데! 그러나
주님, 주님께서는 주님의 백성들에게 천둥으로, 번개로 임하지 않
으심을 감사하게 하옵소서. 가파르지 않은 방법으로 저를 이끄시
는 예수님의 이름으로 치유기도 드립니다. 아멘.

"예수께서는 이 말을 듣고 마음속으로 깊이 탄식하며 말씀하셨다. '아무
것도 보여주지 않겠다. 너희가 얼마나 많은 표징을 더 보아야 믿겠느냐?'"
〈막 8:12, 현대어〉

기도하고 싶은데 잘 안될 때 드리는 치유기도

전능하신 하나님,

성령을 저에게 보내 주시어, 제 약함을 도와주시니 감사합니다. 저는 어떻게 기도해야 할 것도 알지 못하지만, 성령께서 친히 이루 다 말할 수 없는 탄식으로, 저를 대신하여 간구하여 주시니 감사합니다. 사람의 마음을 꿰뚫어 보시는 하나님, 하나님께서는 성령의 생각이 어떠한지를 아시지요? 성령께서, 하나님의 뜻을 따라, 성도를 대신하여 간구하심을 아시지요? 저는 하나님을 사랑하는 사람들, 곧 하나님의 뜻대로 부르심을 받은 사람들에게는, 모든 일이 서로 협력해서 선을 이룬다는 것을 믿습니다. 예수님의 이름으로 치유기도 드립니다. 아멘.

"너희가 내 이름으로 무엇을 구하든지 내가 행하리니 이는 아버지로 하여금 아들로 말미암아 영광을 받으시게 하려 함이라 내 이름으로 무엇이든지 내게 구하면 내가 행하리라" 〈요 14:13-14, 개역개정〉

기분이 몹시 언짢을 때 드리는 치유기도

주님,
우울하고, 불안하고, 화가 머리끝까지 치밀어 오르는 기분이 저를
사로잡을 때, 이렇게 묻게 하옵소서. "오 나의 영혼아, 너는 어찌
하여 그리 무거우며, 너는 어찌하여 내 안에서 그리 소란스러우
냐?" 대답을 주시어, 제 기분의 원인을 깨닫고, 그것을 쫓아내게
하옵소서. 제가 제 상처를 용서하고, 주님만을 바라게 하옵소서.
예수 그리스도의 이름으로 치유기도 드립니다. 아멘.

"예수께서 말씀하셨다. '왜 이렇게 소란하게 울고 있느냐? 그 아이는 죽은
것이 아니다. 잠을 자고 있을 뿐이다'" 〈막 5:39, 현대어〉

길이 보이지 않을 때 영적 분별을 위한 치유기도

주 하나님,

저는 지금 제가 어디로 가고 있는지 모릅니다. 제 앞에 놓인 길이 보이지 않습니다. 그 길이 어디에서 끝날지 모르겠습니다. 제 자신에 대해서도 알지 못합니다. 제가 주님 뜻을 따른다 하더라도, 실제로 주님 뜻을 따르는 것은 아닙니다. 그러나 주님을 기쁘게 해 드리려는 제 목마름은 주님을 참으로 기쁘게 해 드린다고 믿습니다. 제가 하는 모든 일에 그 목마름을 품을 수 있기를 바랍니다. 그 목마름에서 벗어나는 일은 그 무엇도 하지 않기를 바랍니다. 제가 그렇게만 산다면, 비록 제가 어디로 가야 할지 모르더라도, 주님은 저를 바른길로 이끄실 것입니다. 제가 길을 잃고 죽음의 그늘 속에 있는 것처럼 보여도, 저는 한결같이 주님을 신뢰하겠습니다. 주님이 언제나 함께 계시기에, 저는 두렵지 않습니다. 주님은 제가 위험 앞에 홀로 서도록 저를 버리지 않으실 것입니다. 예수님의 이름으로 치유기도 드립니다. 아멘.

"너희 안에서 행하시는 이는 하나님이시니 자기의 기쁘신 뜻을 위하여 너희에게 소원을 두고 행하게 하시나니" 〈빌 2:13, 개역개정〉

깊은 불행 가운데서 드리는 치유기도

주님,

욥이 이런 말을 했지요? "주신 분도 주님이시고, 빼앗아 가신 분도 주님이시니!" 깊은 불행 가운데서 이 말을 했던 주님의 종 욥도 주님이 지으셨지요? 저 같은 죄인의 입으로 이런 성경 말씀을 읽을 수 있게 해주시니, 그 얼마나 자비하신지요! 주님께서 제게 건강을 주셨는데, 저는 주님을 잊어버렸습니다. 주님께서 건강을 빼앗아 가시니, 제가 주님께 돌아옵니다. 주님, 주님 이외의 모든 것은 빼앗아 가옵소서. 모든 것이 주님의 것입니다. 주님께서 주인이십니다. 편안과 성공과 건강, 이 모든 것들을 거두시옵소서. 저를 소유하고 있는 그 모든 것들을 다 제하옵소서. 그리하면 제가 온전히 주님의 것이 될 수 있습니다. 예수님의 이름으로 치유기도 드립니다. 아멘.

"그가 그의 말씀을 보내어 그들을 고치시고 위험한 지경에서 건지시는도다"
〈시 107:20, 개역개정〉

꿈 해석을 통한 치유기도

주님,
꿈을 통하여, 하나님의 잊혀진 언어를 배우게 하시니 감사합니다.

주님, 개가 와서 제 발을 물었습니다. 이 꿈은 무슨 뜻이 있으신지요? 저와 제 교역이 은사 수행을 멈췄습니다. 그러나 이제는 치유와 회복의 시간, 새 심장과 새 몸과 새 뇌를 주시니 감사합니다. 하나님의 충만한 목적에 해로운 모든 것을 제거하고 계시니 감사합니다. 이것은 늘 저를 위한 하나님의 계획이었습니다. 지금 하나님께서는 새 목적을 가진 교역 안에서, 앞으로 나아가기 위하여, 제 운명을 회복하고 계시니 감사합니다. 마침내 하나님께 영광을 올려드릴 날이 다가오고 있음을 기대하게 해주시니 감사합니다.

주님, 진흙탕에서 썩은 물고기들을 꺼내 막 집어 던졌습니다. 이 꿈은 무슨 뜻이 있으신지요? 신현복 목사야, 나를 따라오너라. 내가 너로 한신대에서 사람을 낚는 어부가 되게 하리라. 썩은 물고기가 아니라 아주 싱싱한 물고기, 아주 탁월한 신학생들을 키워내는 어부가 되게 하리라. 이제는 한반도 땅끝 해남을 넘어, 전후방 65만 군대를 넘어, 도시교회를 넘어, 한신대로 가라, 한국교회로 가라, 세계교회로 가라. 내가 너를 강의로, 설교로, 글로, 책으로, 사람을 낚는 어부가 되게 하리라, 새 소명을 주시니 감사합니다.

주님, 새빨간 산딸기가 색을 잃어 갔습니다. 이 꿈은 무슨 뜻이 있으신지요? 산딸기는 다른 사람들이 말한 저주였습니다. 그러나 예수님은 모든 저주와 저주의 권세를 깨뜨리기 위해 십자가 나무에서 돌아가셨습니다. 새빨간 산딸기 색상 강도가 사라지고 있다는 제 꿈에서, 암세포가 사라지고 있음을 알게 해주시니 감사합니다.

주님, 장의사들이 제 방에 들어와, 제 심장과 폐 상태를 측정하기 위해 청진기를 댔는데, 제 폐가 깨끗함을 발견하고 그들이 놀랐습니다. 이 꿈은 무슨 뜻이 있으신지요? 그들은 하나님의 손이 기적을 행하시는 것을 보고 놀랐습니다. 장의사 귀신들은 타이밍이 맞지 않는다는 것을 깨달았습니다. 그들은 잘못된 시간에 그곳에 있었습니다. 그들이 빨리 떠나게 하시니 감사합니다.

주님, 제가 서재에서 책 배치를 하는데, '생명'에 관한 관점에서 모든 책을 다시 배치하고 있었습니다. 이 꿈은 무슨 뜻이 있으신지요? 생명! 생명! 생명! 어거스틴처럼, 슈바이처처럼, 아니 우리 예수님처럼, 죽어가는 생명을 살리는 일을 하라는 하나님의 분명한 계시를 보여 주시니 감사합니다.

주님, 꿈 하나하나도 개꿈이 아니라는 것을 알게 하시니 너무너무 감사합니다. 외롭고 슬픈 저에게 이렇게 꿈으로라도 말씀해 주신 주님께 존귀와 영광을 올려드립니다. 예수님의 이름으로 치유기도 드립니다. 아멘.

"그들이 그에게 이르되 우리가 꿈을 꾸었으나 이를 해석할 자가 없도다 요셉이 그들에게 이르되 해석은 하나님께 있지 아니하니이까 청하건대 내게 이르소서" 〈창 40:8, 개역개정〉

나 자신을 용서하는 치유기도

하늘에 계신 아버지,

오늘 저는 주님의 자비하심 속에서(죄목이나 잘못을 말해 보세요.) 제 자신을 완전히 용서하기로 의도적으로 선택합니다. 저는 제 자신의 판단과 제 자신을 향한 모든 것으로부터 자유로워집니다. 저는 온전히 회개하고, 주님의 용서와 자비를 받습니다. 주님, 제 마음속에 품고 있던, 용서하지 못해서 생겨난, 모든 자기혐오, 수치심, 죄책감을 버립니다. 제 마음과 생각 속에 있는, 용서받을 수 없다고 믿게 하고, 주님께서 저를 용서하기 꺼리신다는 제 내면세계의 메시지를 물리쳐주옵소서. 제가 믿었던 이 거짓들을 완전히 씻어 주옵소서. 예수님, 제 죄와 자기 정죄가 초래했을지도 모르는, 모든 감정적 상처를 치유해 주시고, 모든 기억 속에서 주님의 은혜와 사랑의 충만함을 경험하게 해주옵소서. 제 기억 속의 고통을 치유해 주옵소서. 그리하여 제가 제 자신과 다른 사람들에게 행한 모든 일이 더 이상 괴로움, 불안, 고통으로 가득 차 있지 않도록 해주옵소서. 주님의 완전하신 용서에 감사드립니다. 예수님의 이름으로 치유기도 드립니다. 아멘.

"만일 우리가 우리 죄를 자백하면 그는 미쁘시고 의로우사 우리 죄를 사하시며 우리를 모든 불의에서 깨끗하게 하실 것이요" 〈창 40:8, 개역개정〉

나만 생각하며 살아왔다고 느낄 때 드리는 치유기도

주님,

저는 자기중심적이었습니다. 제 자신에게만 관심을 가졌습니다. 제 경력, 제 미래, 제 이름, 제 명예에만 몰두하였습니다. 심지어 어떤 때는, 제 자신의 유익을 위하여 주님을 이용해 먹는다는 생각이 들기도 하였습니다. 이 얼마나 독선적이고 터무니없는 노릇인지요! 진정 서글픈 일입니다. 그러나 주님, 이것이 제 적나라한 모습입니다. 비오니, 제 비참함을 긍휼히 여기시고, 거듭나게 해 주옵소서. 예수님의 이름으로 치유기도 드립니다. 아멘.

"예수께서 대답하시되 진실로 진실로 네게 이르노니 사람이 물과 성령으로 나지 아니하면 하나님의 나라에 들어갈 수 없느니라" 〈요 3:5, 개역개정〉

나의 정체성을 회복하기 위한 치유기도

아버지,

아버지께서 사랑하시는 자녀로서, 제가 제 자리를 찾게 해주옵소서. 아버지의 도움이 필요합니다. 제가 진정한 제 모습을 찾기 위하여 고민하고 있음을 아버지께서도 알고 계십니다. 아버지께서 들려주시는 말씀의 진리 대신, 과거와 상황이 제 정체성을 규정하도록 내버려두었습니다. 아버지 하나님, 저는 아버지 하나님께서 창조하신 그대로의 제가 되기를 갈망합니다. 아버지 하나님과 함께했던 것과 같은 정체성과 목적을 확실히 알기를 갈망합니다. 진리를 거부하고, 아버지 하나님의 뜨거운 사랑을 받아들이지 않은 것을 용서해 주옵소서. 아버지 하나님께 속해 있다는 확신으로, 저를 거부감에서 벗어나게 해주옵소서. 제 마음이 아버지 하나님의 집이 되게 해주옵소서.

예수님, 예수님께서는 "내가 너희를 고아와 같이 버려두지 아니하고 아버지께로 오리라"(요한복음 14:18)라고 말씀하셨습니다. 그 진리가 제 존재 전체를 변화시킬 때까지, 그 진리를 마음속에 새기도록 도와주옵소서. 제 머리에서 가슴까지, 주님을 찾아가는 순례의 여정을 허락하시고, 제가 진정으로 주님의 아들딸임을 받아들일 수 있는 은혜를 주옵소서. 고통스러운 기억에서 저를 해방시켜 주시고, 모든 기억을 주님의 크신 사랑으로 채워주옵소서. 제 가치관을 형성했던 거짓에서 저를 깨뜨리고 자유롭게 해주옵소서. 저는 주님 보시기에 제게 큰 가치가 있음을 받아들입니다. 주님의 진리가 제 마음 전체에 스며들게 해주옵소서.

주님, 제 정체성을 형성하기 위해 집착해 온 모든 장벽, 거짓, 대처 방식, 사람이나 사물(우상)을 벗겨내도록 허락해 주옵소서. 만일 제가 직업, 배우자, 자녀, 재산, 외모를 중심으로 제 정체성을 형성했다면, 인종, 경제적 계층, 민족적 배경, 종교(정치 또는 성별) 때문에 스스로를 차별화했다면, 이 모든 것을 내려놓고, 오직 주님 안에서, 하나님의 자녀로서, 제 정체성을 받아들입니다. 제 가치와 목적은 오직 주님께서 저를 누구라고 말씀하시는지에 따라 결정됩니다. 주님 안에서, 저를 죽음에서 생명으로 불러주옵소서. 나사로를 무덤에서 부르셨듯이, 저를 불러주옵소서. 감옥 문을 열어, 주님의 자유를 알게 해주옵소서. 주님의 사랑하는 아들딸로서, 주님의 임재 안에서 걸을 수 있는 은혜를 주옵소서. 예수님의 이름으로 치유기도 드립니다. 아멘.

"너희는 다시 무서워하는 종의 영을 받지 아니하고 양자의 영을 받았으므로 우리가 아빠 아버지라고 부르짖느니라" 〈롬 8:15, 개역개정〉

낙담이 될 때 드리는 치유기도

하늘에 계신 우리 아버지,

주님께서 저에게 멋진 세상을 주셨습니다. 그 세상에서 제가 창조적으로 그리고 성공적으로 살 수 있도록 정신적, 영성적, 육체적 장치들도 제공해 주셨습니다. 제가 온갖 낙담을 다 이겨낼 수 있도록 하여 주시니 감사합니다. 제가 날마다 예수 그리스도와 함께 걸을 수 있도록 도와주옵소서. 믿음과 용기를 가지고 그분을 바라보게 하옵소서. 그리스도를 통하여, 그리고 그분의 이름 안에서, 주님께 감사를 드립니다. 찬양하며, 예수님의 이름으로 치유기도 드립니다. 아멘.

"네가 만일 환난 날에 낙담하면 네 힘이 미약함을 보임이니라" 〈잠 24:10, 개역개정〉

내 고집을 꺾기 힘들 때 드리는 치유기도

주님,

제가 얼마나 완고하고 고집이 센지요! 제 고집을 꺾기가 어찌 이리도 어려운지요! 그런데도 도와주시라고 기도하면, 주님은 아무 응답도 없으신 것 같습니다. 의도적으로 모른 체 하시는 건가요? 저 스스로 죄의 가시를 뽑아내기까지 기다리시는 건가요? 그렇습니다. 제 몸에 독이 퍼져, 더 이상 손쓸 수 없을 지경이 되기 전에, 저는 이 독가시를 파내야 합니다. 그렇지만 주님의 도움 없이는 이 일도 할 수가 없습니다. 어서 도와주옵소서. 예수님의 이름으로 치유기도 드립니다. 아멘.

"감독은 하나님의 청지기로서 책망할 것이 없고 제 고집대로 하지 아니하며 급히 분내지 아니하며 술을 즐기지 아니하며 구타하지 아니하며 더러운 이득을 탐하지 아니하며"〈딛 1:7, 개역개정〉

내 마음이 기울어 우울해질 때 드리는 치유기도

주님,

낮이 기울어 밤이 되듯이, 종종 즐거움도 잠깐 지난 뒤, 제 마음은 기울어 우울해집니다. 모든 것이 재미없어 보이고, 모든 행동이 짐처럼 느껴집니다. 사람들이 웅성대나 듣고 싶지도 않고, 사람들이 노크하나 들리지 않습니다. 제 마음은 부싯돌처럼 단단합니다. 그럴 때면 저는 들로 나가 묵상을 하고, 성경을 읽는가 하면, 주님께 드리는 편지에 제 심층적인 생각을 적어봅니다. 사랑의 주님, 그러면 갑자기 주님의 은혜가, 광명 속에서 어둠을 깨트리고, 짐을 들어 올리며, 긴장을 누그러뜨립니다. 곧 한숨이 변하여 눈물이 되고, 그 눈물바다에서 하늘의 기쁨이 저를 뒤덮습니다. 할렐루야! 감사하며, 예수님의 이름으로 치유기도 드립니다. 아멘.

"그가 나를 푸른 풀밭에 누이시며 쉴 만한 물 가로 인도하시는도다 내 영혼을 소생시키시고 자기 이름을 위하여 의의 길로 인도하시는도다" 〈시 23:2-3, 개역개정〉

내 모든 것이 주님의 것임을 영적으로 분별하는 치유기도

주님,
주님께서는 제 모든 자유, 기억, 이해, 그리고 제 모든 의지를 제게 주셨습니다. 주님께서는 제가 갖고 있으며, 제 것이라 부르는 모든 것을 제게 주셨습니다. 주님께서는 이 모든 것을 제게 주셨습니다. 주님, 저는 주님께 이 시간 이 모든 것을 돌려드립니다. 받아주옵소서. 제 모든 것이 주님의 것입니다. 주님께서 원하시는 대로 하옵소서. 오직 주님의 사랑과 은총만 주옵소서. 제게는 그것만으로도 충분합니다. 예수님의 이름으로 치유기도 드립니다. 아멘.

"우리가 이것을 말하거니와 사람의 지혜가 가르친 말로 아니하고 오직 성령께서 가르치신 것으로 하니 영적인 일은 영적인 것으로 분별하느니라 육에 속한 사람은 하나님의 성령의 일들을 받지 아니하나니 이는 그것들이 그에게는 어리석게 보임이요, 또 그는 그것들을 알 수도 없나니 그러한 일은 영적으로 분별되기 때문이라" 〈고전 2:13-14, 개역개정〉

내 분노의 파도를 직시하고 싶을 때 드리는 치유기도

주님,

주님의 힘이 저를 둘러쌀 때, 저는 더 이상 '내 영혼아, 어찌하여 네가 그렇게 낙심하느냐?'라고 말하지 않습니다. 다만 비오니, 사슴이 시냇물 바닥에서 물을 찾아 헐떡이듯이, 늘 주님을 그리워하게 하옵소서. 제 가장 깊은 내면에서 으르렁거리고 있는 탐욕과 쾌락과 폭력과 분노의 파도를 직시하게 하옵소서. 주님, 지금 굽이치는 저 분노의 파도는 지나갔으니, 주님의 용서로 치유하는 평안을 느끼게 하옵소서. 예수님의 이름으로 치유기도 드립니다. 아멘.

"그러므로 각처에서 남자들이 분노와 다툼이 없이 거룩한 손을 들어 기도하기를 원하노라" 〈딤전 2:8, 개역개정〉

내 이익과 내 행복에 너무 집중되는 것 같을 때 드리는 치유기도

주님,
제 생활의 너무 많은 부분이,
제 이익과 제 행복에 집중되는 것 같습니다.
하루만이라도,
제가 하는 모든 행동이,
제가 아니라,
다른 사람을 이롭게 하도록 살아보았으면 좋겠습니다.
아마도 다른 사람을 위하여 기도하는 것이
첫 번째 할 일이겠지요.
부디 칭찬이나 보상을 기대하지 말고,
그렇게 살아가도록 도와주옵소서.
예수 그리스도의 이름으로 치유기도 드립니다. 아멘.

"둘째는 이것이니 네 이웃을 네 자신과 같이 사랑하라 하신 것이라 이보다
더 큰 계명이 없느니라" 〈막 12:31, 개역개정〉

내 죄가 사해졌음을 확신하고 담대히 용서를 선언하는 치유기도

주님,

복음의 기쁜 소식을 듣게 해주시니 감사합니다. 이사야 6장 6-7절에 말씀하셨지요? "그때 그 스랍 중의 하나가, 부젓가락으로 제단에서 집은바, 핀 숯을 손에 가지고 내게로 날아와서, 그것을 내 입술에 대며 이르되, 보라 이것이 네 입에 닿았으니, 네 악이 제하여졌고, 네 죄가 사하여졌느니라 하더라." 이 말씀에 근거하여, 하나님의 백성인 저는, 예수 그리스도 안에서 제 악이 사라지고, 제 죄가 용서받았음을 담대히 선언합니다. 예수 그리스도의 이름으로 치유기도 드립니다. 아멘.

"그때 그 스랍 중의 하나가 부젓가락으로 제단에서 집은바 핀 숯을 손에 가지고 내게로 날아와서 그것을 내 입술에 대며 이르되 보라 이것이 네 입에 닿았으니 네 악이 제하여졌고 네 죄가 사하여졌느니라 하더라" 〈사 6:6-7, 개역개정〉

내 죄를 회개하는 8가지 치유기도

주님,
저는 여호와의 백성입니다. 스스로 깊이 반성하고 기도합니다. 악한 길을 버리고 돌아섭니다. 다시 여호와를 찾습니다. 하늘에서 제 기도를 들으시고, 모든 허물과 죄를 용서해 주옵소서.

주님, 제가 허물을 자꾸 감추려 들지 않겠습니다. 그러면 잘되는 일 하나도 없기 때문입니다. 제 허물을 드러내 놓고, 다시는 그 짓을 하지 않겠다고 마음먹습니다.

주님, 저에게 죄지은 사람들을 제가 용서하였습니다. 부디 제 죄도 용서하옵소서. 저를 유혹에 빠지지 않게 하옵소서.

주님, 제가 죄 없다고 말한다면, 저는 자신을 속이고, 진리를 받아들이기를 거부하는 행위인 것 아시지요? 제가 죄를 고백하오니, 부디 제 죄를 용서하시고, 모든 악에서 깨끗하게 해주옵소서.

주님, 지금까지는 하나님께서 이런 제 무지를 참아 주셨습니다. 그러나 지금은 저에게 우상을 버리고 하나님께 돌아설 것을 명령하고 계시니, 기도 어린 경청으로 나아가게 하옵소서.

주님, 이제 저는 어떻게 해야 하겠습니까? 계속 죄를 저질러야 하겠습니까? 절대로 그럴 수는 없습니다. 이렇게 이번에 극적으로 살려주셨는데, 계속 죄를 지어서야 되겠습니까?

주님, 주님께 제 죄를 고합니다. 이 회개의 기도가 큰 능력과 놀라운 효과를 가져오게 하옵소서.

주님, 비록 때로는 주님께서 다시 오신다는 약속이 좀처럼 실현되지 않고, 너무도 지연되는 것처럼 보입니다. 하지만 주님께서 공연히 날짜를 연기하고 계시는 것이 아님을, 마음의 눈을 떠 깨닫게 하옵소서. 제가 멸망 당하지 않게 하시려고, 제가 회개하고 돌아오기를 참고 기다리는 것임을, 온몸으로 떨며 경탄하게 하옵소서.

이 모든 말씀, 살아 계신 우리 주 예수 그리스도의 이름으로 치유기도 드립니다. 아멘.

"내 이름으로 일컫는 내 백성이 그들의 악한 길에서 떠나 스스로 낮추고 기도하여 내 얼굴을 찾으면 내가 하늘에서 듣고 그들의 죄를 사하고 그들의 땅을 고칠지라" 〈대하 7:14, 개역개정〉

내 죄의 용서를 비는 치유기도

하늘 성부시여,

저는 하나님과 이웃에 대하여 죄를 지었습니다. 저는 생각과 말과 행동으로 죄를 지었습니다. 하지 말아야 할 일은 하면서도, 정작 해야 할 일은 하지 않았습니다. 저는 제가 죄에 사로잡혀 있고, 제가 제 죄 때문에 거짓 교만에 얽매여 있으며, 제가 행하는 악이, 제가 행하지 않고 있는 선에 따라, 더욱 사악해지고 있음을 고백합니다.

저는 주어진 시간을 너무도 어리석게 사용했습니다. 저는 제대로 이루지도 못한 일에 쉽사리 자족해 버렸습니다. 번번이 복수심에 불타오르곤 했습니다. 돈에 질질 끌려다니기도 했습니다. 말끝마다 오직 불평뿐이었습니다. 저는 전혀 신실하지 못했습니다.

저는 제 불결한 입술과, 차가운 마음과, 이웃에 대한 무관심과, 지키지 못한 약속과, 뉘우치지 못한 시간들을 고백합니다. 제 입술에서 찬양이 나오지 않고, 제 마음에서 주님을 부르지 않는 것은, 제가 받은 은총을 헤아리지 못하기 때문입니다. 주님의 은총을 깨닫는 심령의 눈이 어둡기 때문입니다. 사랑과 진리의 밝은 빛에, 죄 된 제 자신을 드러내기가 너무 부끄럽고 두려워서, 숨기고 가리는 생활을 해왔습니다.

저는 하나님께나 이웃에게나 말하려고만 했지, 들으려고는 하지 않았습니다. 저는 성령께서 주시는 뜨거움으로 하나님과 이웃을 사랑하지 못했습니다. 저는 주님을 주라 부르면서도 따르지 않고, 저는 주님을 빛이라 부르면서도 우러르지 않았습니다. 주님, 부디 저를 용서해 주옵소서. 불쌍한 저를 치유해 주옵소서. 예수님의 이름으로 치유기도 드립니다. 아멘.

"만일 우리가 우리 죄를 자백하면 그는 미쁘시고 의로우사 우리 죄를 사하시며 우리를 모든 불의에서 깨끗하게 하실 것이요" 〈요일 1:9, 개역개정〉

내 허물을 자복하고 용서를 선언하는 치유기도

주님,
복음의 기쁜 소식을 듣게 해주시니 감사합니다. 시편 32편 5절에 말씀하셨지요? "내가 이르기를, 내 허물을 여호와께 자복하리라 하고, 주께 내 죄를 아뢰고, 내 죄악을 숨기지 아니하였더니, 곧 주께서 내 죄악을 사하셨나이다." 이 말씀에 의지해서, 이 시간 주님께서 제 모든 허물을 용서해 주셨음을 선언합니다. 주님, 참으로 사랑이 많으십니다. 주님, 참으로 자비가 넘치십니다. 우리 주 예수 그리스도의 이름으로 치유기도 드립니다. 아멘.

"내가 이르기를 내 허물을 여호와께 자복하리라 하고 주께 내 죄를 아뢰고 내 죄악을 숨기지 아니하였더니 곧 주께서 내 죄악을 사하셨나이다 (셀라)"
〈시 32:5, 개역개정〉

내면세계를 위한 치유기도

사랑하는 아버지,

저는 제가 갈망하는 사람, 그리고 주님께서 저를 창조하셨던 때의 바로 그 사람이 될 자유가 없다는 것을 깨달았습니다. 저는 오랫동안 깊은 고통, 원망, 수치심, 죄책감을 마음속에 품어 왔고, 어떤 기억은 어린 시절로 거슬러 올라갑니다. 이러한 기억들은 저를 괴롭히고 두려움, 불안, 그리고 제 자신과 다른 사람들에 대한 부정적인 판단으로 가득 차 있습니다. 저는 제 자신과 그리고 주님과 화해하고 싶습니다. 주님께서 저를 위해 마련하신 놀라운 삶을 자유롭게 받아들이고 싶습니다.

주 예수님, 제 삶의 이야기를 들여다보시어, 저에게 깊은 상처와 영향을 준 중요한 사건을 밝혀주시기를 간구합니다. 뿌리가 깊다는 것을 알지만, 주님의 사랑은 그보다 더 깊습니다. (성령께서 그 기억을 보여 주실 때, 여러분은 예수님께서 여러분과 함께 그 자리에 계실 수 있도록 초대할 수 있습니다. 아마도 오래전 일이겠지만, 시간과 장소에 얽매이지 않으시는 예수님께서 여러분과 함께 계실 수 있습니다.)

주 예수님, 주님은 이 고통과 혼란의 자리에 진실로 저와 함께 계십니다. 제 두려운 마음을 주님의 사랑과 온전한 평화로 채워주시기를 간구합니다. 저를 학대하고 고발하는 자, 부모, 원수, 그리고 저를 배신한 친구를, 주님의 은혜와 자비의 눈으로 볼 수 있도록 도와주옵소서. 제가 품어왔던 분노와 두려움, 수치심에서 마침내 벗어날 수 있도록 도와주옵소서.

주 예수님, 주님의 품에 안겨, 주님의 부드러운 자비를 경험하게 도와주옵소서. 이 안전한 곳에서, 저를 혼란스럽게 하는 불안과, 저를 억누르고 무력하게 하는 두려움을, 주님께 쏟아놓습니다. 진실을 드러내 주시고, 제 자신과 다른 사람들에 대해 믿었던 거짓의 힘을 깨뜨려 주옵소서. 주님께서 제게 말씀하실 때, 저는 겸손하게 제 자신에 대한 진실을 받아들이겠습니다. 주님께 나아가오니, 사랑받지 못한다고 느꼈던, 제 마음속 빈자리를 보름달처럼 가득 채워주옵소서.

주 예수님, 저에게 상처를 준 사람(들)을 주님께 드립니다. 알고 있든 모르든, 모든 고통스러운 잘못을 내려놓고, 제가 _____(이름)를 용서할 때, 주님의 사랑과 치유의 능력을 저에게 부어주시기를 간구합니다. 주님의 십자가와 보혈의 능력으로, _____(이름)를 주님의 은혜와 자비 안으로 인도합니다. 오직 주님만이 모든 죄를 용서하고 구속할 능력과 은혜를 가지고 계심을 감사드립니다. 제 마음과 정신에서 모든 상처와 고통, 용서하지 못함을 드러내 주시고, 들어 올려 주시기를 간구합니다. 이 고통을 내려놓고, 모든 것을 주님께 맡깁니다. 이 사람을 향한 모든 적대감을 씻어 주시고, 주님의 선하심 안에서, 주님을 알도록 축복해 주옵소서.

주 예수님, 주님 안에서, 제 존재 전체를 치유하시고 변화시켜, 충만한 삶으로 인도해 주시니 감사합니다. 주님께서 제가 짊어진 모든 상처를 깨끗이 씻어 주시고 정화해 주심을 알기에, 제 마음을 주님께 드립니다. 제 기억 속의 상처와 고통을 치유해 주셔서 감사합니다. 주님께서 구원하시는 평화와 기쁨, 자유를 되찾도록 도와주옵소서. 제 마음을 주님의 집으로 삼고, 주님의 사랑 어린 임재 안에서 안식을 찾기로 선택합니다. 주님께서 결코 저를 떠나거나 버리지 않으실 것이라는 약속을 믿습니다. 주님, 제가 고통 속에서 혼자 걷지 않게 해주셔서 감사합니다.

성령님, 성령님께서 행하신 깊은 치유를 인 쳐 주옵소서. 제 내면을 강하게 하시고, 매일 성령님의 은혜 안에서 살 수 있도록 힘을 주옵소서. 예수님의 이름으로 치유기도 드립니다. 아멘.

"수고하고 무거운 짐 진 자들아 다 내게로 오라 내가 너희를 쉬게 하리라"
〈마 11:28, 개역개정〉

내면세계의 맹세를 포기하는 치유기도

성령님,
제 삶의 감정적 고통으로부터 저를 보호하기 위해, 제가 만든 맹세나 암묵적인 규칙을 모두 밝혀주옵소서. 주님과 나누어야 할 친밀함에서 저를 멀어지게 하는 잘못된 믿음도 모두 보여 주옵소서. 이 맹세가 제가 원하지 않는 일로부터 저를 보호해 줄 것이라는 거짓말과, 주님께서 저를 안전하게 지켜주실 것이라고 믿을 수 없다는 거짓말에서 저를 자유롭게 해주옵소서.

주 예수님, 제가 이러한 맹세를 한 것을 후회하며, 그 맹세에서 벗어나기를 원합니다. 이러한 장애물들 때문에, 삶의 어떤 영역에서는 한 발자국도 앞으로 나아갈 수 없었습니다. 반복적인 실패, "닫힌 문," 또는 의도치 않은 관계의 고통을 겪을 때, 그것은 다시는 사랑하지 않겠다, 다시는 믿지 않겠다, 다시는 시도하지 않겠다, 다시는 용서하지 않겠다는, 내면의 다짐 때문일 수 있다는 것을 깨달았습니다. (각 항목을 차례로 말하며 포기합니다.) 예수님의 이름으로, 저는 결코 _____하지 않겠다는 맹세를 포기합니다. 예를 들어, 사랑, 신뢰, 시도, 또는 용서하지 않겠다는 맹세를 포기합니다. ("항상" 무엇을 할 것인지에 대한 맹세를 했다면, 각 항목을 차례로 말하며 포기합니다.) 저는 항상 _____하겠다는 맹세를 포기합니다. (알려진 모든 것을 말하며 포기합니다.) 주 예수 그리스도의 권세로, 저는 알려졌든 알려지지 않았든, 모든 내면세계의 다짐을 포기하고 깨뜨립니다. 제가 세웠던 모든 벽이

나, 제 자신을 보호하기 위해 저지른 모든 습관을 허물고, 주님께서 베푸시는 사랑의 돌보심에 저를 헌신합니다. 주님만이 저를 해로부터 보호하시고 지켜주시는 유일한 분이십니다.

주 예수님, 제가 살기 위해서라도 용서를 선포합니다. (저마다 차례로 말하며 용서를 선포한다.) 저는 저에게 상처를 주고, 배신하고, 학대했던 _____(이름)를 용서하기로 선택합니다. (알려진 모든 사람의 이름을 적어 주십시오.) 그들의 행동에 대한 모든 결과를 주님의 사랑과 은혜에 맡깁니다. _____(이름)를 제 심판에서 풀어주시고, _____(이름)를 주님의 사랑과 자비로 축복해 주옵소서. 모든 불경건한 심판에서 저를 용서하시고 구원해 주옵소서. 이 맹세를 지키고 유지하기 위해 제가 만들어낸, 모든 건강하지 못한 가치관과 습관에서, 저를 자유롭게 해주옵소서. 주님의 사랑 어린 돌보심이 아닌, 다른 것에서 안정을 찾으려 했던 저를 용서해 주옵소서. 저를 주님과 다른 사람들로부터 분리시키는 거짓되거나 불가능한 기준을 만든, 제 자신을 용서해 주옵소서. 제 마음을 새롭게 하시고, 주님께서 역사하시는 성령의 능력 안에서 살아갈 수 있도록 도와주옵소서.

아버지, 숨겨진 곳으로 오셔서, 제가 만든 다른 맹세, 제가 붙잡고 있는 거짓말, 그리고 제가 심판에 빠진 곳을 찾아주옵소서. 제가 성령과 온전히 일치하지 않은 부분을 보여 주옵소서. 자유와 치유를 구하는 저를 사랑해 주셔서 감사합니다. 주님의 자비와 사랑에 깊이 감사드립니다. 예수님의 이름으로 치유기도 드립니다. 아멘.

"주는 미쁘사 너희를 굳건하게 하시고 악한 자에게서 지키시리라" 〈살후 3:3, 개역개정〉

너무 바쁠 때 드리는 치유기도

주님,

너무 바쁩니다. 일, 일, 일, 그냥 너무 바쁩니다! 너무 많은 사람, 너무 많은 질문, 너무 많은 업무! 내면세계의 공허함을 달래기라도 하듯, 바쁘게 살기로 선택하였음을 고백하지 않을 수 없습니다. 이렇게 바쁜데, 어찌 쉼을 누릴 수 있겠습니까? 이렇게 바쁜데, 어찌 주님을 예배할 수 있겠습니까? 주님을 섬길 시간을 내도록 제 삶 속에 주님을 위한 공간을 창조하여 주옵소서. 기도를 통하여, 쉼을 얻도록 강권하여 주옵소서. 그래야 제 모든 사랑과 두려움이 주님 안에서 온전해질 것입니다. 제가 깨닫게 하옵소서. 저에게 진정 필요한 것은 안식이며, 제가 진정 드려야 할 것은 예배라는 것을! 그것이 선행되어야 분주한 일상이 참 봉사가 된다는 것을! 끝으로 가장 중요한 부탁을 드리오니, 저를 거짓된 야망에서 구원해 주옵소서. 예수님의 이름으로 치유기도 드립니다. 아멘.

"주께서 대답하여 이르시되 마르다야 마르다야 네가 많은 일로 염려하고 근심하나 몇 가지만 하든지 혹은 한 가지만이라도 족하니라 마리아는 이 좋은 편을 택하였으니 빼앗기지 아니하리라 하시니라" 〈눅 10:41-42, 개역개정〉

네 천사가 사랑의 우물에서 함께 일할 때 드리는 치유기도

주님,
기쁨의 자매인 고통을 주셔서 감사합니다.
행복의 쌍둥이인 슬픔을 주셔서 감사합니다.
고통과 기쁨, 슬픔과 행복,
이 네 천사가 사랑의 우물에서 함께 일하고 있습니다.
고통과 슬픔은 통증으로 우물을 깊이 파고,
기쁨과 행복은 미소에서 흘러나오는 눈물로
제 사랑의 우물을 가득 채웁니다.
자연의 사계절을 주시듯이,
인생의 사계절을 주시듯이,
감정의 사계절을 주시니 감사합니다.
예수님의 이름으로 치유기도 드립니다. 아멘.

"이렇듯 기진맥진하오니 이 몸 불쌍히 여기소서. 뼈 마디마디 덜덜 떨리오니 이 몸 고쳐 주소서. 너무나 떨리어 이 몸 가눌 길 없습니다. 여호와여, 어느 때까지 기다려야 합니까?" 〈시 6:2-3, 현대어〉

노년기 우울증 치유기도

소망의 주인이신 하나님,

이 시간, 노년의 깊은 그림자와, 외로움의 쓴 뿌리 아래 있는 저에게, 주님의 권능과 긍휼을 부어주시기를 간절히 간구합니다. 예수 그리스도의 이름으로 명하노니, 노년의 무력감과 절망의 영은, 내 몸과 마음에서 완전히 묶여지고 떠나갈지어다! 과거의 모든 상실과 슬픔 때문에 생긴, 모든 애통의 영은 즉시 소멸될지어다! 뼈마디를 짓누르는 무거운 피로와 질병의 짐은 사라지고, 독수리가 날개 치며 올라감 같은 새로운 힘과 기쁨이 충만할지어다! 슬픔의 재 대신 기쁨의 기름이 부어지고, 찬송의 옷이 입혀질지어다! 주님께서 이 영혼에게 남은 삶의 분명한 목적과 소망을 부어주시고, 이 노년기가 영광의 면류관을 예비하는 축복의 황혼이 될 것을 믿고 선포합니다. 예수님의 이름으로 치유기도 드립니다. 아멘.

"너희가 노년에 이르기까지 내가 그리하겠고 백발이 되기까지 내가 너희를 품을 것이라 내가 지었은즉 내가 업을 것이요 내가 품고 구하여 내리라"
〈사 46:4, 개역개정〉

노년의 위기를 만났을 때 드리는 치유기도

주님,

저는 늙어 가고 있습니다. 예전보다 행동이 굼뜨고, 기억력도 신통치 않습니다. 노년의 무능력과 초조함이 저를 압도해 옵니다. 웃기는 이야기라고 열심히 했는데, 곰곰이 생각해 보면 전에 했던 이야기들입니다. 사랑했던 이들과 친구들이 이승과 저승의 문턱을 넘나들며 하나씩 하나씩 사라져 갑니다. 주 하나님, 기도 안에서 제가 그들과, 그리고 그들이 저와 만날 수 있는지, 감히 여쭙고 싶습니다. 저에게 사랑을 가져다주신 성자 예수 그리스도께서 제 사랑을 그들에게 전달해 주시기를 부탁드립니다. 지금도 이 창조 세계와, 생명으로 충일한 세계에, 널리 영향을 미치시는, 예수님의 이름으로 치유기도 드립니다. 아멘.

"우리에게 우리 날 계수함을 가르치사 지혜로운 마음을 얻게 하소서" 〈시 90:12, 개역개정〉

누군가가 그리울 때 드리는 치유기도

사랑하는 하나님,

제가 ○○를 그리워하오니, 저희가 떨어져 있는 동안, ○○를 하나님의 친절하신 돌봄에 맡겨드립니다. 저희의 이별이 하나님의 은혜로 인도되는 거룩한 기다림의 시간이 되게 해주옵소서. 저희의 삶이 새로운 경험들, 다른 사람들, 그리고 간단한 변화에 접할 때, 저희 영혼의 눈이 하나님의 신실하신 지혜 위에 놓일 수 있도록 해주옵소서. 저희의 기다리는 시간을 위로해 주옵소서. 저희가 서로서로 삶의 일부이기 때문에, 저희 둘 안에 새벽을 넓히고 황혼을 기뻐할 수 있는 마음을 허락해 주옵소서. 저희는 흥분 속에서 다시 만날 날을 고대하며, 그것이 하나님의 시간과 하나님의 계획 속에서 일어날 것을 믿습니다. 예수님의 이름으로 치유기도 드립니다. 아멘.

"새 계명을 너희에게 주노니 서로 사랑하라 내가 너희를 사랑한 것 같이 너희도 서로 사랑하라" 〈요 13:34, 개역개정〉

누군가가 위독하다는 소식을 들었을 때 드리는 치유기도

지극히 위대하신 하나님,

자비하신 성부여, 제가 가장 겸손한 마음으로 간청합니다. 하나님께서 기뻐하시는 일이라면, 지금 병상에 누워 있는 ○○와 우정을 계속 나눌 수 있도록 해주옵소서. 저희 믿음의 깊이를 보시어, 그가 우리 곁에 좀 더 머무르게 해주옵소서. 제가 그를 상실하고, 구원의 기회마저 상실한 것은, 실로, 제 배은망덕 때문입니다. 저희는 이렇게 탄원할 자격마저 없지만, 하나님의 자비하심이 모든 것 위에 있습니다. 비오니, 제 간절하고 겸허한 열심을 헤아리시어, 하나님의 영광을 가리는 일이 아니라면, 제 기도를 들으시고, 그를 죽음의 문턱에서 되돌려 주옵소서. 그가 변을 당하지 않고 살아서, 하나님께는 영광이요 저에게는 위로가 되게 해주옵소서. 주님, 제가 이 땅에서 고통스러워하지 않고, 슬퍼하지 않도록, 그것들을 저에게서 물리쳐주옵소서. 하나님께서 그에게 커다란 도움을 베푸시고, 저희 가운데 가장 좋은 것을 허락하셨습니다. 어찌 제가 그를 상실할 리가 있겠습니까? 하나님의 기쁨을 빼앗을 자 과연 누구이겠습니까? 비오니, 그런 일이 절대 없도록 해주옵소서. 비오니, 하나님께서 기뻐하실 수만 있다면, 사랑하는 ○○를 저에게 다시 돌려주시고, ○○에게 건강을 다시 돌려주옵소서. 예수님의 이름으로 치유기도 드립니다. 아멘.

"믿음의 기도는 병든 자를 구원하리니 주께서 그를 일으키시리라 혹시 죄를 범하였을지라도 사하심을 받으리라"〈약 5:15, 개역개정〉

누군가의 부재를 느낄 때 드리는 치유기도

주님,

누군가를 깊이 사랑한다는 것이, 그 사람의 부재가 가져다주는 고통에 내 자신을 개방한다는 뜻임을, 역설적으로 깨닫게 하시니 감사합니다. 비오니, 이 치유기도, 부재와 상실과 결여의 신앙적인 의미를 체험하는 시간이 되게 하옵소서. 그런 시간을 통하여, 제가 비록 지금은 복잡한 삶의 한복판에 살고 있지만, 여전히 제 깊은 목마름을 채워 주시마고 약속하신 한 분, 하나님을 기다리고 있음을 다시 한번 기억해 내게 하옵소서. 예수님의 이름으로 치유기도 드립니다. 아멘.

"사랑하는 믿음의 형제들이여, 내 마음은 여러분을 향한 그리움으로 가득 차 있습니다. 여러분은 나의 기쁨이며 내가 일해서 얻은 열매입니다. 나의 사랑하는 친구들이여, 주님 안에서 진실한 믿음을 굳게 지키십시오." 〈빌 4:1, 현대어〉

다른 사람들을 용서하는 치유기도

주 예수님,
주님의 십자가와 피의 능력으로 _____(이름)를 주님께 드립니다. 저는 알고 있든 모르든, 모든 고통스러운 잘못을 내려놓습니다. 제가 기도하는 동안, 주님의 사랑과 치유하시는 능력을 저를 통하여 부어주시기를 간구합니다. _____(이름)를 용서해 주옵소서. 오직 주님만이 모든 죄를 용서하고 구속할 수 있는 능력과 은혜를 가지고 계심을 감사드립니다.

주님, 제 마음과 정신에서, 모든 상처와 고통, 용서하지 못함을 드러내어, 거두어 주시기를 간구합니다. 저는 이 고통을 내려놓고, 모든 것을 주님께 맡깁니다. 제 어깨에서 짐을 내려주시고, 이 기억들의 독을 제 마음속에서 씻어 주옵소서. 쓴 뿌리의 판단을 없애주시고, 주님의 자비와 은혜로 채워주시기를 간구합니다.

주님, 제 마음에서, 모든 잘못을 제거해 주셔서 감사합니다. 저를 건져내 주셔서 감사합니다. 저와 다른 사람들의 삶에서 용서하지 못한 것 때문에 생긴 해로운 결과를 없애 주셔서 감사합니다.

주님, 주님께서 제 마음속에 숨겨둔 모든 잘못을 드러내시니 회개하고 고백합니다. 제가 주님과 _____(이름)를 불쾌하게 한 모든 부분을 보여 주옵소서. 주님께서 끊임없이 부어주시는 사랑과 치유의 능력을 받습니다.

주님, 제가 모든 잘못을 주님께 내려놓을 때, 제가 겪었던 고통의 짐과 결과에서, 즉시 저를 해방시켜 주셔서 감사합니다. 더 나아가, 제가 용서하지 않은 것을 모조리 고백하고 회개할 때, 주님의 말씀대로 저는 이미 용서받았습니다. 주님께서 저를 완전히 치유해 주실 것을 믿습니다.

주님, 저는 _____(이름)를 주님께 드립니다. 주님의 완전한 사랑과 자비를 _____(이름)에게 부어주시고, 주님의 사랑과 축복과 치유하시는 능력이 _____(이름)에게 흘러가게 해주셔서 감사합니다. 저는 제 자신을 용서하고, _____(이름)를 주님의 사랑 어린 돌보심 안에 온전히 내려놓으려 합니다. 이 사람을 향한 모든 적대감을 씻어 주시고, 그 사람이 주님의 모든 선하심 안에서 주님을 알도록 축복해 주옵소서. (각 사람에 대해 반복해서 기도하십시오. 성수로 손을 씻어 그 안에 묻힌 잘못을 상징적으로 씻어낼 수도 있습니다.) 예수님의 이름으로 치유기도 드립니다. 아멘.

"하나님의 성령을 근심하게 하지 말라 그 안에서 너희가 구원의 날까지 인치심을 받았느니라 너희는 모든 악독과 노함과 분냄과 떠드는 것과 비방하는 것을 모든 악의와 함께 버리고 서로 친절하게 하며 불쌍히 여기며 서로 용서하기를 하나님이 그리스도 안에서 너희를 용서하심과 같이 하라" 〈엡 4:30-32, 개역개정〉

다시 살아나기 위하여 용서를 선언하는 치유기도

주님,

복음의 기쁜 소식을 듣게 하시니 감사합니다. 로마서 8장 34절에 말씀하셨지요? "누가 정죄하리요 죽으실 뿐 아니라 다시 살아나신 이는 그리스도 예수시니 그는 하나님 우편에 계신 자요 우리를 위하여 간구하시는 자시니라." 이 말씀에 근거하여, 제 중보자 되시는 예수 그리스도 안에서 제 죄는 이미 용서받았습니다. 담대히 선언하며, 우리 주 예수 그리스도의 이름으로 치유기도 드립니다. 아멘.

"누가 정죄하리요 죽으실 뿐 아니라 다시 살아나신 이는 그리스도 예수시니 그는 하나님 우편에 계신 자요 우리를 위하여 간구하시는 자시니라" 〈롬 8:34, 개역개정〉

다시 주님을 발견하고 싶을 때 드리는 치유기도

주님,

저는 그동안 주님의 이름 때문에, 박해나 억압을 받거나, 거절을 당한 적이 없었습니다. 주님의 이름은 오히려 저에게 보상을 안겨 주었습니다. 그동안 주님에 대해서 말하고 글 쓰고, 주님의 이름 으로 일한 것을 돌아보니, 제 자신의 영광과 성공을 위한 것일 때 가 많았습니다. 주님과 함께 죽지도 않았고, 주님의 길을 걷지도 않았고, 주님의 길에 신실하지도 않았습니다. 주님, 이 치유기도 가 여느 때와는 달리, 다시 주님을 발견하는 계절이 되게 하옵소 서. 예수님의 이름으로 치유기도 드립니다. 아멘.

"너희는 내가 배고플 때에 먹을 것을 주지 않았고, 목마를 때에 마실 것을 주 지 않았으며, 나그네 되었을 때에 따뜻하게 맞아들이지 않았다. 또 헐벗었 을 때에 입을 것을 주지 않았고 병들었을 때나 감옥에 갇혔을 때에도 찾아와 주지 않았다." 〈마 25:42-43, 현대어〉

당황스러울 때 드리는 치유기도

하늘에 계신 우리 아버지,
제 마음을 주님께 맡길 수 있도록 도와주옵소서.
주님을 제 파트너로 모셔 들이게 하옵소서.
온갖 파괴적이고 부정적인 생각들은
제 마음에서 싹 지워 주시고,
삶의 기쁨과 열정을 저에게 주옵소서.
이 세상을 살아가는 동안,
저를 기다리고 있는 모든 도전을
받아들일 수 있도록 도와주옵소서.
주님을 온전히 믿는 가운데,
제 길을 주님께 맡깁니다.
예수님의 이름으로 치유기도 드립니다. 아멘.

"너희는 스스로 조심하라 그렇지 않으면 방탕함과 술취함과 생활의 염려로 마음이 둔하여지고 뜻밖에 그날이 덫과 같이 너희에게 임하리라" 〈눅 21:34, 개역개정〉

두려울 때 드리는 치유기도

하나님,
하나님께 간구하오니,
미래에 대한 두려움에서 저를 구해 주옵소서.
실패에 대한 두려움,
가난에 대한 두려움,
사랑하는 사람을 잃을지도 모른다는 두려움,
외로움에 대한 두려움,
질병에 대한 두려움,
나이 들어가는 것에 대한 두려움,
전쟁에 대한 두려움,
사망에 대한 두려움에서 저를 구원하여 주옵소서.
하나님, 은혜로 저를 도우시어,
하나님만을 사랑하고 경외하게 하옵소서.
제 마음에 아름다운 향기를 심어주옵소서.
하나님에 대한 사랑 그윽한 신뢰를 채워주옵소서.
우리 주 예수 그리스도의 이름으로 치유기도 드립니다. 아멘.

"내가 네게 명령한 것이 아니냐 강하고 담대하라 두려워하지 말며 놀라지
말라 네가 어디로 가든지 네 하나님 여호와가 너와 함께 하느니라 하시니
라" 〈수 1:9, 개역개정〉

두려움, 공포 치유기도

나의 피난처이신 주님,

밤을 삼키는 어둠과 폭풍우에 흔들리는 마음을 주님께 올려드립니다. 알 수 없는 두려움과 공포의 그림자가 저를 덮쳐 올 때, 저는 작은 배처럼 흔들리고 무너집니다. 주님, 저를 주님의 견고한 성채 안으로 인도하옵소서. 가장 깊은 어둠 속에서도 함께하시는 주님의 따스한 손을 붙들고 싶습니다. 제 마음에 요동치는 모든 물결을 잠잠케 하시고, 두려움의 자리에 주님의 평화를 심어주옵소서. "사랑 안에 두려움이 없고 온전한 사랑이 두려움을 내쫓나니"라는 말씀처럼, 주님의 완전한 사랑으로 제 모든 공포를 몰아내 주옵소서. 이제 제 삶의 모든 것을 주님의 품에 조용히 내려놓습니다. 어떠한 폭풍 속에서도 저와 함께하시는 주님을 찬양합니다. 오직 주님 안에서 참된 평안과 자유를 누릴 것을 믿으며, 예수 그리스도의 이름으로 치유기도 드립니다. 아멘.

"하나님이 우리에게 주신 것은 두려워하는 마음이 아니요 오직 능력과 사랑과 절제하는 마음이니" 〈딤후 1:7, 개역개정〉

두려움과 공포가 내 영혼을 어지럽힐 때 드리는 치유기도

아버지,
때로는 터무니없는 두려움과 공포가
제 영혼을 어지럽힙니다.
하지만 주님께서는 두려워하지 말라고 말씀하셨습니다.
제가 주님의 치유하시는 손을
온전히 믿을 수 있게 인도하여 주옵소서.
그리하여 주님의 크신 사랑 안에서
편안히 쉴 수 있도록 도와주옵소서.
예수님의 이름으로 치유기도 드립니다. 아멘.

"너희는 모두 의롭게 살며 나는 항상 너희와 함께 있어서 너희를 보호해 주겠다. 그때에는 네가 온갖 압박과 고통에서 벗어날 것이니 과연 너는 아무 것도 두려워하지 않게 될 것이다. 어떤 공포나 고통도 네게 가까이 오지 못할 것이다." 〈사 54:14, 현대어〉

뒷걸음질 치고 싶을 때 드리는 치유기도

주님,
저는 제가 가야 할 길을 매우 분명히 알고 있습니다.
그러기 위하여 어떤 희생이 필요한지도 잘 알고 있습니다.
저는 주님 안에서 사는 방법에 대하여
청산유수로 떠들 수도 있습니다.
하지만 제 마음은 어쩐지 망설여집니다.
내면 깊이 자리한 자아는 아직도 뒷걸음질 치려 합니다.
"압니다, 하지만......" 하면서 거래하려 합니다.
비오니, 주님께서 저를 사랑하신다는 것을,
두 팔을 펴시고 저를 기다리신다는 것을 잊지 않게 하옵소서.
예수님의 이름으로 치유기도 드립니다. 아멘.

"하나님을 올바로 믿는 사람은 어떤 경우에도 주께 대한 믿음과 신뢰로 살아야 합니다. 그렇지 않고 만일 뒷걸음질 쳐 물러서려 한다면 하나님께서 기뻐하시지 않을 것입니다." 〈히 10:38, 현대어〉

때때로 실망이 될 때 드리는 치유기도

주님,
도망가지도, 포기하지도, 기도를 멈추지도 않겠습니다. 이 모든
일이 소용없고 의미 없고, 시간도 노력도 낭비하는 것처럼 보일지
라도, 그만두지 않겠습니다. 주님 사랑을 느끼지 못할지라도, 제
가 여전히 주님을 사랑하고 있음을 아셨으면 합니다. 때때로 실망
하더라도, 제가 여전히 주님께 희망을 걸고 있음을 아셨으면 합
니다. 이것이 저보다 더 고통받는 수백만의 인류와 연대하게 하시
는, 주님의 섭리임을 깨닫게 하옵소서. 이것이, 주님과 함께, 주님
을 위하여, 기꺼이 당하는, 작은 죽음이 되게 하옵소서. 예수님의
이름으로 치유기도 드립니다. 아멘.

"이러므로 내가 해 아래에서 한 모든 수고에 대하여 내가 내 마음에 실망하
였도다" 〈전 2:20, 개역개정〉

②

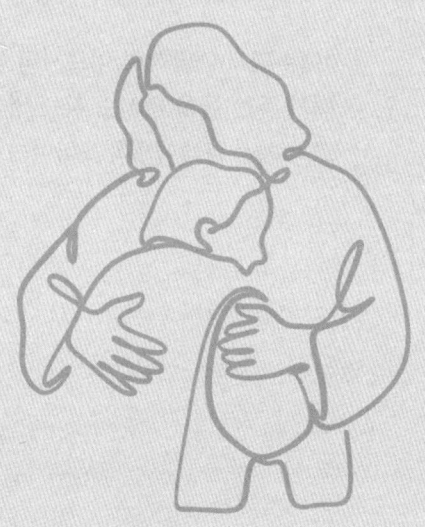

마르지 않는 샘이 그리울 때 드리는 치유기도

물이 변하여 샘이 되게 하시는 주님,
제가 주님의 선물에 궁색하지 않게 하옵소서. 주님 주시는 그 물이, 자유롭게 제 중심에서부터 흘러나오게 해주옵소서. 뿐만 아니라, 원하는 사람 누구에게나, 그 물을 마실 수 있게 하옵소서. 주님, 제 속에 샘이 있음을 잊지 않게 하옵소서. 그 샘이 말라 버리지나 않을까, 모래만 버석거리는 게 아닐까, 두려워하지 않게 하옵소서. 다가오는 봄이 그리고 제 안에 있는 샘이, 기쁨과 희망과 구원을 이루게 하옵소서. 예수님의 이름으로 치유기도 드립니다. 아멘.

"예수께서 대답하여 이르시되 이 물을 마시는 자마다 다시 목마르려니와 내가 주는 물을 마시는 자는 영원히 목마르지 아니하리니 내가 주는 물은 그 속에서 영생하도록 솟아나는 샘물이 되리라" 〈요 4:13-14, 개역개정〉

마음에 깊은 상처를 입었을 때 드리는 치유기도

나의 하나님,

하나님만이 제 약함의 깊이를 살피시고, 하나님만이 저를 치유하실 수 있습니다. 제 두 눈을 전지전능하신 성부 하나님께, 그리고 용기 있는 고난 속에서 제 모본이 되신 하나님의 성자 예수님께 돌릴 수 있도록 해주옵소서. 그분께서 십자가에 못 박히셨기에, 저는 고난이 축복으로 바뀔 수 있음을 알게 되었습니다. 주 예수 그리스도여, 주님은 살아 있는 이들을 위한 건강의 유일한 근원이십니다. 치유하시는 손길로 도와주옵소서. 예수님의 이름으로 치유기도 드립니다. 아멘.

"만일 누가 입으로는 '나는 하나님을 사랑하고 있다'고 하면서 믿음의 형제를 계속 미워하고 있다면 그는 거짓말쟁이입니다. 자기 눈앞에 있는 형제를 사랑하지 않는 사람이 어떻게 보이지 않는 하나님을 사랑할 수 있겠습니까?" 〈요일 4:20, 현대어〉

마음에 스트레스가 가득할 때 드리는 치유기도

하늘에 계신 우리 아버지,
제 마음에서 온갖 혼란과 스트레스, 그리고 피곤함을 제거해 주옵소서. 제 삶이 흥분과 의미, 그리고 기쁨으로 가득 찰 수 있도록, 제가 그리스도의 길을 따라 살기를 원합니다. 그리스도께서 제공하시는 기회를 제가 붙잡을 수 있게 하시고, 제 삶을 통해서 온갖 선하고 가치 있는 것들을 증명하게 하옵소서. 제 삶이 굉장한 경험이 될 수 있도록, 저에게 능력과 힘과 선을 부어주옵소서. 우리 주 예수 그리스도의 이름으로 치유기도 드립니다. 아멘.

"수고하고 무거운 짐 진 자들아 다 내게로 오라 내가 너희를 쉬게 하리라" 〈마 11:28, 개역개정〉

마음에 평화가 없을 때 드리는 치유기도

주님,
이 마음의 파도를 잔잔하게 하옵소서.
이 폭풍을 진압하옵소서.
오, 내 영혼아!
주님께서 네 안에 역사하시도록 잠잠하여라.
오, 내 영혼아!
주님께서 네 안에 쉬시도록,
그분께서 평화로 덮으시기까지 잠잠하여라.
하늘에 계신 아버지,
세상은 평화를 줄 수 없음을 번번이 깨닫습니다.
진정한 평화는 주님께만 있음을 알게 하옵소서.
세상이 온통 힘을 합쳐도,
이 평화를 빼앗아 갈 수 없을 것이라는,
주님의 약속이 진실임을 알게 하옵소서.
예수님의 이름으로 치유기도 드립니다. 아멘.

"평안을 너희에게 끼치노니 곧 나의 평안을 너희에게 주노라 내가 너희에게 주는 것은 세상이 주는 것과 같지 아니하니라 너희는 마음에 근심하지도 말고 두려워하지도 말라" 〈요 14:27, 개역개정〉

마음의 회복을 비는 치유기도

주님,

지금 병원에 가서 수술/방사선/항암/표적치료도 하지만, 궁극적인 치유자는 바로 주님이심을 고백합니다. 제가 주님보다 세상적인 것을 더 의지했던 우상숭배를 회개합니다. 저는 성자 예수 그리스도를 믿습니다. 주님께서 지금 제 안에 계십니다. 성부 하나님께서 예수 그리스도를 죽은 자 가운데서 살리신 것처럼, 주님께서 지금 제 죽을 몸도 살리십니다. 그런데도 그 주님께 의지하지 않았던 것을 진심으로 회개합니다.

주님, 육체적인 치유야 병원에서 할 수 있지만, 내 영을 통하여 내 마음을 치유해 주실 수 있는 분은 오직 주님밖에 없으심을 고백합니다. 내 마음이 온전할 때 내 육체도 온전케 된다는 것을 잘 알면서도, 주님의 생명에 제 마음을 새롭게 하지 못했습니다.

성령님, 이 시간 진리의 영으로 그리고 살리는 생명의 영으로 찾아오셔서, 제 마음을 새롭게 해주시니 감사합니다. 제 마음에 다시 기쁨이 회복되게 하시고, 평강이 넘치게 하시니 감사합니다. 제 육체나 환경 때문이 아니라, 오직 주님께서 저를 통치하시기 때문입니다.

할렐루야! 제 입에서 다시 찬양이 살아나고, 주님을 경배하게 하시니 감사합니다. 주님이 제 창조주이십니다. 주님이 제 생명이십니다. 주님의 생명이 지금 저에게 운행되고 있습니다. 저는 주님 때문에 호흡하며 살아가고 있습니다. 성령님과 말씀으로 제 마음이 새롭게 되니, 제 육체의 모든 생리 시스템도 정상적으로 돌아가게 되었습니다. 자율신경계의 교감신경과 부교감신경이 정상적으로 작동하게 되었습니다. 소화기계와 혈관계가 정상적으로 작동하게 되었습니다. 무엇보다 면역계가 살아났습니다. 감사와 기쁨으로 모든 면역세포가 활성화되었습니다. 할렐루야!

예수 그리스도의 이름으로 명령하노니, 몸 안에서 암을 일으키는 모든 돌연변이 DNA들, 발현을 멈출지어다! 예수 그리스도의 이름으로 명령하노니, 암들이 증식하기 위하여 만들어지는 혈관들, 파쇄될지어다! 예수 그리스도의 이름으로 명령하노니, 암과 연결된 혈관들로 가는 모든 영양분들, 멈출지어다! 주위 정상세포 쪽으로 갈지어다. 예수 그리스도의 이름으로 명령하노니, 모든 면역세포들, 살아날지어다! 백혈구, 활성화될지어다! 모든 면역체계, 정상적으로 작동할지어다!

예수 그리스도의 이름으로 선포하노니, 내가 죽지 않고 살아서 여호와께서 하시는 일을 선포하리로다! 이 모든 말씀, 내 속에 정한 마음을 창조하시고, 내 안에 정직한 영을 새롭게 하시는, 우리 주 예수 그리스도의 이름으로 치유기도 드립니다. 아멘.

"하나님이여 내 속에 정한 마음을 창조하시고 내 안에 정직한 영을 새롭게 하소서" 〈시 51:10, 개역개정〉

마음의 회복을 위한 치유기도

주님,
제 마음이 요즘 쉽지가 않습니다. 스트레스 만땅입니다. 그래서 암도 온 것일까요? 모든 염려를 주님께 맡겨야 하는데, 이 암을 무서워하지 말아야 하는데, 어떤 상황에도 감사하고 기뻐해야 하는데, 말처럼 되지가 않습니다.

주님, 이런 암, 저런 암으로, 병원을 오가는 저를 보고 계시지요? 세포독성주사를 맞고 임상신약을 복용할 때, 내가 언제까지 이렇게 살 수 있을까 고통스러워하는 저를 보고 계시지요? 음식 냄새도 싫고, 구토 증상과 발진과 메스꺼움과 까매지는 얼굴과 지끈거리는 두통과 소화 장애와 다리 마비와 각종 부작용에 시달리는 저를 진정 보고 계시지요? 항암치료, 방사선치료, 수술치료, 표적치료, 계속 치료의 과정을 밟고 있지만, 여전히 불안합니다. 전이와 재발과 내성의 공포가 제 마음을 억누릅니다. 암만 묵상하지 말아야지 하면서도, 암에 눌려 살아갑니다.

주님, 이 암이 쉽지 않은 암임을 압니다. 그러나 낙심하지도 방심하지도 말게 하옵소서. 암의 치유를 뛰어넘어, 제 몸과 마음과 영과 혼에 진정한 치유를 주옵소서. 제 영혼이 주님 앞에 거함으로 제 마음이 온전해지게 하옵소서. 제 마음에 의와 평화와 기쁨이 다시 회복되게 하옵소서. 그래서 제 몸속 자율신경계와 면역체계도 살아나고, 정상적으로 작동되게 하옵소서.

주님, 이 암이 결국에는 유익한 결과를 낳아, 제 믿음이나 성격이 다 성장하게 하옵소서. 이 암을 잘 이겨내서, 마침내 제 느슨해진 주먹을 힘껏 쥐고, 떨리는 무릎을 굳게 일으켜 세우게 하옵소서. 이 암과 함께 걸어가는 과정이 외롭고 그립고 괴롭지만, 부디 제가 절뚝절뚝이라도 걸어갈 수 있도록, 주님, 생명의 길을 열어 주옵소서.

주님, 그래서 저를 뒤따라오는 이들이, 비록 약하고 절름거리는 사람들일지라도, 마음마음 넘어지거나 부상 당하지 않고, 오히려 튼튼하게 회복되게 하옵소서. 제가 그 마음마음 본을 보이며 앞서 가게 하옵소서. 예수님의 이름으로 치유기도 드립니다. 아멘.

"모든 지킬 만한 것 중에 더욱 네 마음을 지키라 생명의 근원이 이에서 남이니라" 〈잠 4:23, 개역개정〉

마음이 공허할 때 드리는 치유기도

하늘에 계신 우리 아버지,
제 외로움을 제거해 주옵소서.
제가 시간을 특별하게 사용할 수 있도록 인도하옵소서.
제 공허한 마음을 채워주옵소서.
심란한 제 마음에 평화와 고요를 주옵소서.
제가 다른 것들을 생각하고,
주님께서 주신 내적인 능력을 끌어낼 수 있도록 도와주옵소서.
제가 강한 믿음을 지켜나가게 하옵소서.
예수님의 이름으로 치유기도 드립니다. 아멘.

"나는 광야의 올빼미 같고 황폐한 곳의 부엉이같이 되었사오며 내가 밤을
새우니 지붕 위의 외로운 참새 같으니이다"〈시 102:6-7, 개역개정〉

마음이 심약해질 때 드리는 치유기도

성령님,
절망과 정욕과 죄악으로부터
저를 지킬 수 있는 믿음을 주옵소서.
하나님과 이웃을 향한 사랑을 제게 주셔서,
온갖 증오와 냉소를 지워 버리게 하옵소서.
저에게 한 가닥 실오라기 같은 희망을 내려주셔서,
두려움과 심약함으로부터 저를 구하옵소서.
예수님의 이름으로 치유기도 드립니다. 아멘.

"두 사람은 들르는 도시마다 모든 신도들에게 하나님을 사랑하고 서로 사랑
하는 마음을 북돋아 주었다. 그리고 어떠한 박해가 오더라도 믿음을 지키라
고 격려하였고 하나님 나라에 들어가려면 많은 어려움을 겪어야 한다고 가
르쳤다." 〈행 14:22, 현대어〉

마음이 어지러울 때 드리는 치유기도

주님,

저는 지금 꼭 어둠 속에서 더듬고 있는 것 같습니다. 주님은 저에게 많은 것을 주셨건만, 저는 아직도 주님의 임재 안에 조용히 머물러 있기가 어렵습니다. 제 마음은 여러 가지 생각과 계획과 기억과 공상들로 너무나 어지럽습니다. 아무리 노력해도, 중요하지 않은 일에 이리저리 이끌리고, 값싼 보화에 마음이 묶입니다. 비오니, 주님과만 있게 하옵소서. 주님 말씀에 집중하고, 주님 음성에 귀 기울이고, 주님 계시하시는 대로, 주님 바라보게 하옵소서. 예수님의 이름으로 치유기도 드립니다. 아멘.

"내 마음이 어지럽고 두려움이 나를 놀라게 하며 희망의 서광이 변하여 내게 떨림이 되도다" 〈사 21:4, 개역개정〉

마음이 혼란스러울 때 드리는 치유기도

존귀하신 하나님,
이 시간 제 몸을
하나님이 기뻐하시는 거룩한 산 제물로 드립니다.
이는 제가 드릴 영적 예배입니다.
제가 사는 날 동안,
이 세대를 본받지 말고,
오직 마음을 새롭게 함으로 변화를 받아,
하나님의 선하시고 기뻐하시고 온전하신 뜻이 무엇인지
분별하도록 도와주옵소서.
예수님의 이름으로 치유기도 드립니다. 아멘.

"그러므로 형제들아 내가 하나님의 모든 자비하심으로 너희를 권하노니 너
희 몸을 하나님이 기뻐하시는 거룩한 산 제물로 드리라 이는 너희가 드릴 영
적 예배니라 너희는 이 세대를 본받지 말고 오직 마음을 새롭게 함으로 변화
를 받아 하나님의 선하시고 기뻐하시고 온전하신 뜻이 무엇인지 분별하도
록 하라 내게 주신 은혜로 말미암아 너희 각 사람에게 말하노니 마땅히 생각
할 그 이상의 생각을 품지 말고 오직 하나님께서 각 사람에게 나누어 주신 믿
음의 분량대로 지혜롭게 생각하라" 〈롬 12:1-3, 개역개정〉

막다른 골목에서 영적 분별을 위하여 드리는 치유기도

주님,
저는 수천 개의
막다른 골목들을 통과하여,
주님께로 가렵니다.
주님께서는 벽돌들을 뚫고,
저를 주님께로
데려가기를 원하십니다.
예수님의 이름으로 치유기도 드립니다. 아멘.

"내가 이르노니 너희는 성령을 따라 행하라 그리하면 육체의 욕심을 이루지 아니하리라 육체의 소욕은 성령을 거스르고 성령은 육체를 거스르나니 이 둘이 서로 대적함으로 너희가 원하는 것을 하지 못하게 하려 함이라 너희가 만일 성령의 인도하시는 바가 되면 율법 아래에 있지 아니하리라 육체의 일은 분명하니 곧 음행과 더러운 것과 호색과 우상 숭배와 주술과 원수 맺는 것과 분쟁과 시기와 분냄과 당 짓는 것과 분열함과 이단과 투기와 술 취함과 방탕함과 또 그와 같은 것들이라 전에 너희에게 경계한 것 같이 경계하노니 이런 일을 하는 자들은 하나님의 나라를 유업으로 받지 못할 것이요 오직 성령의 열매는 사랑과 희락과 화평과 오래 참음과 자비와 양선과 충성과 온유와 절제니 이같은 것을 금지할 법이 없느니라" 〈갈 5:16-23, 개역개정〉

만물을 새롭게 하시는 주님을 찬양하는 치유기도

주님,

오늘은 모든 피조물이 내면의 깊은 안식 가운데 기다리는 날입니다. 어떤 말이나 선언도 없는 날입니다. 역사의 모든 날 중 가장 적막한 날, 하나님께서 깊은 고독에 들어가신 날입니다. 비오니, 이 신적인 침묵 앞에, 저도 일체 침묵하게 하옵소서. 세상의 모든 시끄러운 소리들을 멈추고, 주님 앞에서 잠잠하게 하옵소서. 이 세상에 존재했던 침묵 가운데, 가장 열매가 많은 이 침묵으로부터, 말씀이신 주님, 다시 말씀하옵소서. 그리고 만물을 새롭게 하옵소서. 이제 은혜 가운데 드려온 이 치유기도를, 주님, 마침내 응답하옵소서. 저를 온전히 회복시키시고, 깨끗하게 치유하여 주옵소서. 부활하신 예수님의 이름으로 치유기도 드립니다. 아멘.

"보좌에 앉으신 이가 이르시되 보라 내가 만물을 새롭게 하노라 하시고 또 이르시되 이 말은 신실하고 참되니 기록하라 하시고" 〈계 21:5, 개역개정〉

말끝마다 불평뿐인 죄를 고백하는 치유기도

전능하시고 모든 이를 사랑하시는 하나님,
다른 그 어떤 곳도 아니고, 바로 하나님의 현존하심 속에서, 저는
제 죄가 저를 짓누르는 것을 느낍니다. 저는 주어진 시간을 너무
도 어리석게 사용했습니다. 저는 제대로 이루지도 못한 일에 쉽사
리 자족해 버렸습니다. 번번이 복수심에 불타오르곤 했습니다. 돈
에 질질 끌려다니기도 했습니다. 말끝마다 오직 불평뿐이었습니
다. 저는 전혀 신실하지 못했습니다. 은혜로 제 이 모든 죄를 용서
해 주옵소서. 제가 하나님을 새롭게 모셔 들이게 해주옵소서. 그
리고 저를 도우시어, 이제부터는 하나님과 좀 더 가까이 살아가게
해주옵소서. 예수님의 이름으로 치유기도 드립니다. 아멘.

"주와 같은 신이 어디 있으리이까 주께서는 죄악과 그 기업에 남은 자의 허
물을 사유하시며 인애를 기뻐하시므로 진노를 오래 품지 아니하시나이다
다시 우리를 불쌍히 여기셔서 우리의 죄악을 발로 밟으시고 우리의 모든 죄
를 깊은 바다에 던지시리이다 주께서 옛적에 우리 조상들에게 맹세하신 대
로 야곱에게 성실을 베푸시며 아브라함에게 인애를 더하시리이다" 〈미
7:18-20, 개역개정〉

말로 상처를 주었을 때 드리는 치유기도

주님,

제 혀에 재갈을 물려주옵소서. 독기 어린 비판과 잔인한 판단을 하려 할 때, 갈고리 같은 말로 다른 이들에게 상처를 주고, 그걸 보며 통쾌해하는 못된 심보로부터, 저를 지켜주옵소서. 불친절한 말로부터, 그리고 불친절한 침묵으로부터, 저를 지켜주옵소서. 판단하는 일을 자제하게 하옵소서. 제 비판이 친절하고 너그럽고 건설적인 말이 되게 하옵소서. 부드러운 내면세계를 허락하시어, 다른 이들과도 평화롭게 지내며, 말할 때나 행할 때나 부드럽게 하옵소서. 제 안에 따뜻한 사랑의 마음을 주시어, 악함을 치유할 수 있는 주님의 능력을, 분쟁을 치유할 수 있는 주님의 평화를, 슬픔을 치유할 수 있는 주님의 기쁨을, 증오를 치유할 수 있는 주님의 자비를, 약함을 치유할 수 있는 주님의 관심을, 다른 이들에게 보여 줄 수 있게 하옵소서. 예수님의 이름으로 치유기도 드립니다. 아멘.

"누구든지 스스로 경건하다 생각하며 자기 혀를 재갈 물리지 아니하고 자기 마음을 속이면 이 사람의 경건은 헛것이라" 〈약 1:26, 개역개정〉

말씀이 메말라 간다고 느낄 때 드리는 치유기도

전능하신 하나님,

하나님께서는 날마다 저를 권고하시고, 자꾸만 바른길에서 벗어나려는 저를 바로잡아 주십니다. 회개하도록 끊임없이 책망하여 주십니다. 하나님, 옛 예언자들이 책망했던 이스라엘의 패역함을 닮아, 제가 하나님의 말씀을 거부하지 않도록 도와주옵소서. 성령으로 저를 다스리시어, 온유와 공손함으로 순종하게 하시고, 무엇이든 열심히 배우려는 마음을 허락해 주옵소서. 저는 하나님의 지혜를 거부하는 질병에 걸렸습니다. 하지만 다행스럽게도 불치병은 아닙니다. 이 질병을 고쳐 주시어, 진정 회개하고 온전히 청종하게 하옵소서. 하나님의 말씀, 곧 모세와 여러 예언자들을 통하여, 그리고 외아들 우리 주 예수 그리스도를 통하여 계시하신 그 진리로 다스림을 받는 것 외에는, 아무것도 바라지 않게 하옵소서. 예수님의 이름으로 치유기도 드립니다. 아멘.

"하나님의 말씀은 살아 있고 활력이 있어 좌우에 날선 어떤 검보다도 예리하여 혼과 영과 및 관절과 골수를 찔러 쪼개기까지 하며 또 마음의 생각과 뜻을 판단하나니" 〈히 4:12, 개역개정〉

매사가 삐딱하게 보일 때 드리는 치유기도

하나님,
하나님께서는 저를 즐거운 백성이 되도록 부르십니다. 그러나 저는 제 삶에 지속적인 기쁨이 없는 것 같습니다. 문제는 제 태도입니다. 저는 매사가 삐딱합니다. 매사가 너무 부정적입니다.

주님, 어린 시절의 부정적인 영향 때문입니다. 부모님에게서 물려받은 부정적인 유전도 있습니다. 살다 보니, 지치고 곤한 상태에서, 이리 치이고 저리 치이며, 어쩔 수 없는 환경 때문이기도 합니다. 관계 속에서 겪는 부정적인 것들도 있습니다.

주님, 그러나 이렇게는 계속 살 수 없습니다. 이런 부정적인 생각들을 곱씹으며, 인생을 낭비하기도 싫습니다. 이런 부정적인 생각들을 자녀들에게 가계의 유전으로 물려주는 것도 끔찍합니다.

하여, 이 시간 간절히 비오니, 주님, 제 생각과 말을 좀 더 긍정적인 방향으로 바꾸어 주옵소서. 그래서 하나님을 더 잘 대표할 수 있게 하옵소서. 제 밝아진 얼굴을 보고, 저분이 참 크리스천이다, 믿지 않는 이들도 칭송하게 하옵소서. 그래서 인생에서 더 많은 기쁨을 찾을 수 있게 하옵소서!

성령님, 강하게 더 강하게 일하시옵소서. 주 예수의 이름으로 명하노니, 이 모든 부정적인 생각은 깨끗이 치유될지어다. 베드로전서 2장 24절 말씀대로, 주께서 채찍에 맞으실 때, 내 부정적인 생각은 이미 치유되었음을 믿음으로 선포합니다. 믿음대로 될지어다. 예수님의 귀하신 이름으로 치유기도 드립니다. 아멘.

"끝으로 형제들아 무엇에든지 참되며 무엇에든지 경건하며 무엇에든지 옳으며 무엇에든지 정결하며 무엇에든지 사랑받을 만하며 무엇에든지 칭찬받을 만하며 무슨 덕이 있든지 무슨 기림이 있든지 이것들을 생각하라" 〈빌 4:8, 개역개정〉

멸시를 받았을 때 드리는 치유기도

주님,
멸시를 받고 거부당하신 고난의 종이시여!
제가 친구들에게 모욕을 당하거나,
윗사람들에게 무시를 당하거나,
동료들에게 비웃음을 사거나,
아랫사람들에게 수치스러운 대접을 받을 때,
아버지의 아들, 거룩하신 순교자 예수 그리스도와 함께,
이렇게 외치게 하옵소서.
"이제야 내가 그리스도의 제자가 되기 시작하는 도다!"
그러고 나서,
제가 제자로서 성장하도록 돕는
이 모든 은혜의 도구들을,
아버지의 온유하시고 겸손하신 성령 안에서,
감사히 받아들이게 하옵소서.
신실히 사용하게 하옵소서.
예수님의 이름으로 치유기도 드립니다. 아멘.

"그는 멸시를 받아 사람들에게 버림 받았으며 간고를 많이 겪었으며 질고를
아는 자라 마치 사람들이 그에게서 얼굴을 가리는 것 같이 멸시를 당하였고
우리도 그를 귀히 여기지 아니하였도다" 〈사 53:3, 개역개정〉

모든 것이 주님의 것임을 고백하고 싶을 때 드리는 치유기도

주님,
주님께 오늘도 제 모든 것을 드리기 원합니다.
제가 오늘도 만나는 모두에게,
그리고 만나는 모든 일에,
너그러울 수 있도록 하옵소서.
인색하지 않게 하옵소서.
머뭇거리지 않게 하옵소서.
제 모든 것,
생각하고 행동하고 느끼는 이 모든 것을,
주님께 드리게 하옵소서.
이 모든 것이 주님의 것입니다.
주님, 오늘도 이 모든 것을 꼭 받아주옵소서.
그리하여 이 모든 것을
온전히 주님의 것으로 삼아주옵소서.
예수님의 이름으로 치유기도 드립니다. 아멘.

"여호와여 위대하심과 권능과 영광과 승리와 위엄이 다 주께 속하였사오
니 천지에 있는 것이 다 주의 것이로소이다 여호와여 주권도 주께 속하였
사오니 주는 높으사 만물의 머리이심이니이다" 〈대상 29:11, 개역개정〉

모순에서 벗어나고 싶을 때 드리는 치유기도

주님,

저는 이제껏 준비해야 할 수업, 해야 할 강의, 끝마쳐야 할 논문,
만나야 할 사람, 걸어야 할 전화, 답장해야 할 편지들로, 온통 둘러
싸여 있었습니다. 저는 그게 성공이라고 여겼습니다. 하지만 요구
하는 것들이 너무 많다고 불평하면서도, 막상 요구하는 게 아무것
도 없을라치면, 마음이 불편하였습니다. 홀로 있기를 갈망하면서
도, 정작 혼자 남겨지는 것을 몹시 두려워하였습니다. 비오니, 저
를 이 모순과 헛것과 강박으로부터 치유하여 주옵소서. 예수님의
이름으로 치유기도 드립니다. 아멘.

"하나님에게서 부귀영화를 받았으나 그것을 누릴 건강을 얻지 못하여 일
찍 죽어 버리고 그 부귀영화를 낯 모르는 사람이 대신 누리는 경우다. 이것
이야말로 전혀 앞뒤가 맞지 않는 인생의 모순이다. 얼마나 통분할 일인가?"
〈전 6:2, 현대어〉

목마른 사슴처럼 주님이 갈급할 때 드리는 치유기도

아아, 내 목마름의 하나님,
나의 구주시여!
주님은 영원히 감미로운 매력을 가지고 계십니다.
주님은 제 마음의 갈증이십니다.
주님은 제 지성의 굶주림이십니다.
주님은 제 영혼의 목마름이십니다.
주님의 잔에서 맛보면 맛볼수록
제 목마름은 더합니다.
주님의 솥에서 먹으면 먹을수록
제 굶주림도 더해집니다.
주님의 샘에서 마시면 마실수록
제 갈증도 더더욱 심해집니다.
오시옵소서,
주 예수시여,
어서어서 오시옵소서!
예수님의 이름으로 치유기도 드립니다. 아멘.

"하나님이여 사슴이 시냇물을 찾기에 갈급함같이 내 영혼이 주를 찾기에 갈급하니이다" 〈시 42:1, 개역개정〉

무기력 치유기도

수고하고 지친 영혼에 새 힘을 주시는 주님,
차가운 땅에 묶인 발걸음처럼, 멈춰버린 시계처럼, 아무것도 할 수 없는 무기력한 마음을 주님께 드립니다. 모든 것에 대한 의욕을 잃고, 잿빛 그림자 속에 갇혀버린, 제 영혼을 불쌍히 여겨 주옵소서. 주님, 이 메마른 땅에 생명의 바람을 불어넣으시어, 제 잠든 영혼을 깨워주옵소서. 무거운 짐을 내려놓고, 주님만을 바라보는 이 시간, 저를 따스한 손길로 일으켜 세워주옵소서. 다시 뛸 수 있는 심장과, 다시 걸을 수 있는 발걸음을 허락하여 주옵소서. 무기력의 터널을 지나, 주님께서 주시는 새로운 힘을 얻게 하옵소서. 잃어버린 삶의 기쁨과 의미를 발견하게 하옵소서. 이제 주님과 함께 한 걸음씩 걷는, 은혜를 누리게 하실 것을 믿습니다. 지치고 쓰러진 저를 일으키시는 주님을 찬양하며, 예수 그리스도의 이름으로 치유기도 드립니다. 아멘.

"피곤한 자에게는 능력을 주시며 무능한 자에게는 힘을 더하시나니 소년이라도 피곤하며 곤비하며 장정이라도 넘어지며 쓰러지되 오직 여호와를 앙망하는 자는 새 힘을 얻으리니 독수리가 날개 치며 올라감 같을 것이요 달음박질하여도 곤비하지 아니하겠고 걸어가도 피곤하지 아니하리로다" 〈사 40:29-31, 개역개정〉

문득 나이가 들었음을 느낄 때 드리는 치유기도

주님,

제 몸에 하나둘 나이 든 자국이 생길 때, 그리고 이 자국들이 제 마음을 흔들어 놓을 때, 저를 조금씩 움츠러들게 하고 쇠잔하게 하는 질병이 몸 이곳저곳에서 생겨날 때, 문득 저도 병들고 늙어 가는 것 같아 두려워질 때, 그리고 무엇보다도 저를 만들어 왔던 알지 못하는 위대한 힘들의 손길 안에서 제 자신을 잃어 가고 있으며 마침내 그것도 속수무책 당할 수밖에 없음을 느낄 때, 주님, 이 캄캄한 순간에 제가 알게 하옵소서. 이 모든 것이 바로 하나님께서 저를 데려가시기 위하여 제 존재의 중심으로 들어오시어 조금씩 분해시키시는 과정인 것을! 이 과정에서 하나님도 저만큼이나 아파하고 계시다는 것을! 예수님의 이름으로 치유기도 드립니다. 아멘.

"우리의 연수가 칠십이요 강건하면 팔십이라도 그 연수의 자랑은 수고와 슬픔뿐이요 신속히 가니 우리가 날아가나이다" 〈시 90:10, 개역개정〉

미쁘시고 의로우신 주님 앞에서 용서를 선언하는 치유기도

주님,
복음의 기쁜 소식을 듣게 하시니 감사합니다. 요한일서 1장 9절에
말씀하셨지요? "만일 우리가 우리 죄를 자백하면 그는 미쁘시고
의로우사 우리 죄를 사하시며 우리를 모든 불의에서 깨끗하게 하
실 것이요." 이 말씀에 근거하여, 이제 그리스도께서 저에게 주신
은혜의 말씀을 선언합니다. "제 죄는 용서받았습니다!" 하나님, 감
사합니다! 예수님의 이름으로 치유기도 드립니다. 아멘.

"만일 우리가 우리 죄를 자백하면 그는 미쁘시고 의로우사 우리 죄를 사하
시며 우리를 모든 불의에서 깨끗하게 하실 것이요" 〈요일 1:9, 개역개정〉

믿음을 더 깊게 해주시길 바랄 때 드리는 치유기도

주님,

표적과 기사를 보여 주셔야만 제 믿음이 자랄 수 있노라, 얼마나 기도했던지요. 다메섹으로 가는 바울에게 나타나신 것처럼, 저에게도 그리 나타나 주셨으면 했습니다. 의심과 주저함을 한 방에 날려버릴 만한 주님의 극적인 임재를 바랐습니다. 그러나 주님은 말씀하셨습니다. 제가 알지 못하는 것은, 믿음이 없기 때문이라고. 비오니, 제 믿음을 더 깊게 더 강하게 하시어, 주님이 제 곁에 계시다는 표적을, 새로운 눈으로 보고, 새로운 귀로 듣게 하옵소서. 예수님의 이름으로 치유기도 드립니다. 아멘.

"염려를 하기보다는 오히려 하나님에 대한 믿음이 더욱더 강하게 자라 아직 그 일이 실현되기도 전에 자기에게 베풀어질 복을 생각하고 하나님을 찬양하였습니다." 〈롬 4:20, 현대어〉

믿음을 통한 치유기도

주님,

한때 대단한 가치가 있다고 생각했던 것들을 지금에 와서는 모조리 내던졌습니다. 그리스도만을 의지하고 그분에게만 소망을 두기 위해서입니다. 그렇습니다. 나의 주님 그리스도 예수를 알게 된 것이 너무도 존귀해서, 이것과 비교하면 다른 것은 다 무가치하게 여겨질 뿐입니다. 그리스도 외에는, 다 쓰레기처럼 여기고 모두 내버렸습니다. 그리스도를 얻기 위해 그렇게 한 것입니다. 하오니 주님, 보다 더 의로운 사람이 되려고 하거나, 율법을 지켜서 구원을 얻으려는 생각을 집어치우고, 오직 믿음으로 구원을 얻고, 그리스도와 하나가 되게 하옵소서. 저를 하나님과 올바른 관계에 놓아 주옵소서. 그리스도만을 의지하는 믿음을 가지고, 이 고난의 터널을 마침내 저 끝까지 다 지나가게 하옵소서. 주님, 주님께서 채찍에 맞으셨을 때, 저는 이미 그때 다 나았습니다. 이것이 제 믿음의 실상입니다. 부디 믿음의 허상에 사로잡히지 않게 하옵소서. 예수님의 이름으로 치유기도 드립니다. 아멘.

"그들과 같이 우리도 복음 전함을 받은 자이나 들은 바 그 말씀이 그들에게 유익하지 못한 것은 듣는 자가 믿음과 결부시키지 아니함이라" 〈히 4:2, 개역개정〉

바람같은 자유로움으로 살지 못한 죄를 고백하는 치유기도

전능하신 하나님,
하나님께서는 약속하신 대로, 제자들에게 성령을 부어 주셔서, 믿음을 충만하게 하셨습니다. 그러나 저는 제 속에 있는 그 성령의 힘을 외면하고 살았음을 고백합니다. 저는 성령께서 주시는 뜨거움으로 하나님과 이웃을 사랑하지 못했습니다. 저는 성령께서 주시는 비둘기같이 온유한 마음으로, 도움을 요청하는 손길을 잡아 주지 못했습니다. 저는 성령께서 주시는 바람과 같은 자유로움으로, 진리 안에 살지 못했습니다. 저는 성령께서 주시는 평화의 띠로, 서로 하나 되는 거룩한 체험을 하지 못했습니다. 이 시간, 하나님을 사랑하는 뜨거움을 주옵소서. 하나님 나라를 펼치는 데 필요한 지혜를 주옵소서. 성령께서 주시는 생명의 충만함을 누리게 하여 주옵소서. 하나님 안에서 하나 되는 친교의 기쁨을 누리게 하여 주옵소서. 우리 주 예수 그리스도의 이름으로 치유기도 드립니다. 아멘.

"주의 약속은 어떤 이들이 더디다고 생각하는 것 같이 더딘 것이 아니라 오직 주께서는 너희를 대하여 오래 참으사 아무도 멸망하지 아니하고 다 회개하기에 이르기를 원하시느니라" 〈벧후 3:9, 개역개정〉

반항심이 생길 때 드리는 치유기도

주님,

용서해 주옵소서. 욕망, 탐욕, 분노, 원망, 질투, 복수 등이 제 마음에 커다란 슬픔을 불러일으킵니다. 비오니, 깊이 뿌리내린, 주님에 대한 반항심을 내려놓게 하옵소서. 제 자신을 주님의 사랑에 철저히 복종시킴으로써, 새로운 인간으로 거듭나게 하옵소서. 저에게 주님의 아들 신분을 완전히 회복시켜 주옵소서. 주님의 자비하신 축복 속에, 제 상처 입은 팔을 내밀게 하옵소서. 오늘도 자녀들이 돌아오기만을 고대하시는, 예수님의 이름으로 치유기도 드립니다. 아멘.

"오늘도 내게 반항하는 마음과 근심이 있나니 내가 받는 재앙이 탄식보다 무거움이라" 〈욥 23:2, 개역개정〉

방언을 통한 치유기도

주님,

저에게 이 시간 방언의 은사를 주옵소서. 성령께서 불로 불로 임하셔서, 제 입술을 강력히 통제하옵소서. 천국의 언어로 주님을 찬양하게 하옵소서. 방언을 통해, 주님과 더욱 깊이 교제하며, 더욱 깊은 영적 체험을 하게 하옵소서. 방언을 통해, 주님의 뜻을 더욱 깊이 깨닫고, 주님의 길을 더욱 깊이 따르게 하옵소서. 방언을 통해, 교만하지 않게 하시고, 다른 성도들에게도 유익을 주면서, 함께 주님을 드높이게 하옵소서. 예수님의 이름으로 치유기도 드립니다. 아멘.

"그런즉 내 형제들아 예언하기를 사모하며 방언 말하기를 금하지 말라 모든 것을 품위 있게 하고 질서 있게 하라" 〈고전 14:39-40, 개역개정〉

번번이 문젯거리가 우선순위 1번일 때 드리는 치유기도

아바 아버지,

저는 압니다. 아버지의 가장 큰 관심사가 제 영성적인 행복이라는 것을. 그러나 제 삶은 번번이 문젯거리가 우선순위 1번입니다. 자녀 문제, 부모 문제, 부부 문제, 질병 문제, 재정 문제, 관계 문제, 만남 문제, 결혼 문제, 출산 문제, 신혼 문제, 중년 문제, 노후 문제, 취업 문제, 직장 문제, 사업 문제, 교회 문제, 신앙 문제, 직분 문제, 진학 문제, 진로 문제, 진급 문제, 그 문젯거리가 어느샌가 제 삶의 우선순위 1번이 되고 말았습니다. 그 문젯거리를 해결하실 수 있는 하나님은 저 뒷전입니다. 이제 제 내면세계의 영성적인 질서를 다시 바로잡게 도와주옵소서. 제 가슴과 마음에 문젯거리보다, 그 문제를 해결하실 수 있는 하나님이 우선순위 1번이 되게 하옵소서. 그것이 참으로 충만한 삶이 되게 하옵소서. 아바 아버지께서는 제 전부이십니다! 성령님, 강하게 더 강하게 일하옵소서. 주 예수의 이름으로 명하노니, 이 모든 영성적인 무질서는 깨끗이 치유될지어다. 베드로전서 2장 24절 말씀대로, 주께서 채찍에 맞으실 때, 제 영성적인 무질서는 이미 치유되었음을 선포합니다. 예수님의 복되신 이름으로 치유기도 드립니다. 아멘.

"주의 교훈으로 나를 인도하시고 후에는 영광으로 나를 영접하시리니 하늘에서는 주 외에 누가 내게 있으리요 땅에서는 주 밖에 내가 사모할 이 없나이다 내 육체와 마음은 쇠약하나 하나님은 내 마음의 반석이시요 영원한 분깃이시라" 〈시 73:24-26, 개역개정〉

병이 점점 더 악화될 때 드리는 치유기도

주 하나님,
제 모든 고통을 감사드립니다.
주님, 주님이 원하신다면,
제 고통을 백배로 키워주옵소서.
주님이 주시는 슬픔은,
그 무엇이라도 감사히 받아들이겠습니다.
주님의 뜻이 충만한 가운데서,
제가 가장 큰 위로를 받을 수 있기 때문입니다.
예수님의 이름으로 치유기도 드립니다. 아멘.

"여호와여 내가 깊은 곳에서 주께 부르짖었나이다 주여 내 소리를 들으시며
나의 부르짖는 소리에 귀를 기울이소서"〈시 130:1-2, 개역개정〉

부활의 소망 속에서 드리는 치유기도

주님,
이해인 수녀의 아름다운 시어처럼, 햇빛과 공기와 바람, 물과 불과 흙, 가족과 친지와 이웃처럼, 너무 가까이 있기에 오히려 소홀하기 쉬운, 제 주변의 사물과 사람들을, 더욱 새로운 눈으로 바라보고 하옵소서. 새로운 마음으로, 사랑하는 가운데, 감사의 기쁨을 새롭게 하옵소서. 부활하신 주님을 뵙고, 기뻐서 어쩔 줄을 몰랐던 그 제자들처럼, 저도 주님을 만나, 계속되는 은혜로운 삶의 기쁨을 노래하게 하옵소서.

주님, 세상은 무겁고 죽음은 어둡고 슬픔은 깊었습니다. 절망의 벼랑 끝에 눈물 흘리던 시간 위엔, 고통의 상처가 덧나 어쩔 줄을 몰랐습니다. 주님, 이제야 오시어 저를 부르십니까? 두렵고 황홀한 번개처럼 오시어, 우주를 흔들어 깨우시렵니까? 차가운 돌무덤에 갇혔던 주님, 이렇게 다시 무덤 문을 박차고 살아오시니, 세상은 잃었던 웃음을 찾았습니다. 저도 그렇습니다. 사람들은 기뻐서 하늘이 되었습니다. 저도 그렇습니다. 제가 서로를 사랑하는 순간들이, 부활의 흰 꽃으로 피어나게 하옵소서. 날마다 조금씩 아파하는 인내의 순간들이, 부활의 흰 새로 날아오르게 하옵소서.

주님, 주님께서 직접 봄이 되고 빛이 되어 승리하신 이 아침, 아아, 이젠 다시 살아야겠다고, 마음먹어봅니다. 풀물이 든 새 옷을 차려입는, 처음의 희망이여, 떨림이여, 주님은 그런 분이십니다.

주님, 꽃들이 다투어 피어나고, 새들이 즐겁게 노래하는 이 새봄에, 저도 완고함, 딱딱함, 고집스러움을 버리게 하옵소서. 새로 돋아나는 연둣빛 잎사귀처럼, 연하게, 부드럽게, 너그럽게, 변화되게 하옵소서. 부활의 주 예수 그리스도의 이름으로 치유기도 드립니다. 아멘.

"예수께서 이르시되 나는 부활이요 생명이니 나를 믿는 자는 죽어도 살겠고 무릇 살아서 나를 믿는 자는 영원히 죽지 아니하리니 이것을 네가 믿느냐"
〈요 11:25-26, 개역개정〉

분노, 화 치유기도

활활 타오르는 진노의 불을 끄시는 주님,
활활 타오르는 불꽃처럼, 제 마음을 집어삼킨 분노를 주님께 드립니다. 잿더미가 된 평화와, 날카로운 가시 같은 상처를, 주님 앞에 내려놓습니다. 주님, 굳게 쥔 주먹을 펴게 하시고, 무겁게 짓눌린 마음의 짐을 내려놓게 하옵소서. 제 안에 폭풍우 치는 바다를 고요하게 하시고, 끓어오르는 분노를 생수의 강물로 식혀주옵소서. 용서할 수 없는 마음까지도 주님의 사랑으로 채워주옵소서. 이제 분노의 사슬에서 벗어나, 자유로운 날개로 날아오르게 하옵소서. 미움의 폭풍이 지나간 자리에, 평화의 맑은 하늘을 허락하여 주옵소서. 주님 안에서, 온전한 쉼과 사랑을 누리게 하실 것을 믿습니다. 제 마음을 새롭게 하시고, 사랑으로 충만케 하실 주님께 감사드리며, 예수 그리스도의 이름으로 치유기도 드립니다. 아멘.

"분을 내어도 죄를 짓지 말며 해가 지도록 분을 품지 말고 마귀에게 틈을 주지 말라" 〈엡 4:26-27, 개역개정〉

불결한 입술로 지은 죄를 고백하는 치유기도

전능하시고 자비하신 하나님,
하나님께서는 세상을 창조하셨으며,
지금도 창조하고 계십니다.
하나님의 현존 안에서,
제 한계가 제 앞에 낱낱이 드러납니다.
저는 제 불결한 입술과,
차가운 마음과,
이웃에 대한 무관심과,
지키지 못한 약속과,
뉘우치지 못한 시간들을 고백합니다.

오 거룩하신 이여,
저를 용서하여 주옵소서.
저는 하나님께서 주신 은사들을 함부로 썼음을 고백합니다.
저는 땅을 업신여겼습니다.
저는 소유물에 욕심을 부렸습니다.
저는 서로를 이용해 먹었습니다.
저는 사람들보다 권력을 더 사랑했습니다.

오 거룩하신 이여,
저를 용서하여 주옵소서.
저만은 죄 없을 것이라는 그릇된 생각을,

저에게서 말끔히 없애 주옵소서.
제 마음속에 찾아오셔서,
저를 다시 새롭게 하여 주옵소서.
예수님의 이름으로 치유기도 드립니다. 아멘.

"예수께서 배에 오르사 건너가 본 동네에 이르시니 침상에 누운 중풍병자를 사람들이 데리고 오거늘 예수께서 그들의 믿음을 보시고 중풍병자에게 이르시되 작은 자야 안심하라 네 죄 사함을 받았느니라 어떤 서기관들이 속으로 이르되 이 사람이 신성을 모독하도다 예수께서 그 생각을 아시고 이르시되 너희가 어찌하여 마음에 악한 생각을 하느냐 네 죄 사함을 받았느니라 하는 말과 일어나 걸어가라 하는 말 중에 어느 것이 쉽겠느냐 그러나 인자가 세상에서 죄를 사하는 권능이 있는 줄을 너희로 알게 하려 하노라 하시고 중풍병자에게 말씀하시되 일어나 네 침상을 가지고 집으로 가라 하시니 그가 일어나 집으로 돌아가거늘 무리가 보고 두려워하며 이런 권능을 사람에게 주신 하나님께 영광을 돌리니라 예수께서 그 곳을 떠나 지나가시다가 마태라 하는 사람이 세관에 앉아 있는 것을 보시고 이르시되 나를 따르라 하시니 일어나 따르니라 예수께서 마태의 집에서 앉아 음식을 잡수실 때에 많은 세리와 죄인들이 와서 예수와 그의 제자들과 함께 앉았더니 바리새인들이 보고 그의 제자들에게 이르되 어찌하여 너희 선생은 세리와 죄인들과 함께 잡수시느냐 예수께서 들으시고 이르시되 건강한 자에게는 의사가 쓸 데 없고 병든 자에게라야 쓸 데 있느니라 너희는 가서 내가 긍휼을 원하고 제사를 원하지 아니하노라 하신 뜻이 무엇인지 배우라 나는 의인을 부르러 온 것이 아니요 죄인을 부르러 왔노라 하시니라"
〈마 9:1-13, 개역개정〉

불안 치유기도

폭풍우를 잠잠케 하시는 주님,
끝없이 흔들리는 마음과, 가시 돋친 생각의 숲을, 주님 앞에 내려
놓습니다. 불안이라는 어둠 속 미로에 갇혀버린 듯, 숨조차 쉴 수
없는 제 연약함을 보아주옵소서. 주님, 제 마음에 평화의 닻을 내
려주옵소서. 요동치는 모든 파도를 잠재우시고, 두 손에 쥔 모든
염려를 가벼운 날개처럼 내려놓게 하옵소서. 모든 것을 아름답게
엮어내시는 주님의 손길을 믿고, 제 삶의 모든 순간을 맡겨드립니
다. 이제 주님의 고요하신 그늘 아래서, 참된 안식을 얻게 하시고,
불안 대신 감사와 소망으로 살게 하옵소서. 세상이 줄 수 없는 주
님의 평화 안에서, 온전히 자유를 누리게 하실 것을 믿습니다. 저
를 온전한 평강으로 인도하실 주님을 찬양하며, 예수 그리스도의
이름으로 치유기도 드립니다. 아멘.

"내 영혼아 네가 어찌하여 낙심하며 어찌하여 내 속에서 불안해 하는가 너
는 하나님께 소망을 두라 그가 나타나 도우심으로 말미암아 내가 여전히 찬
송하리로다" 〈시 42:5, 개역개정〉

불안할 때 드리는 치유기도

하늘에 계신 우리 아버지,
지금 저는 몹시도 좌불안석입니다.
무엇을 어떻게 해야 할지 모르겠습니다.
순서도 뒤죽박죽,
생각도 오리무중,
모든 것이 엉망진창입니다.
불안해 죽을 지경입니다.
미치겠습니다.
비오니, 저를 좀 도와주옵소서.
주님의 무한하신 치유와 평화의 손으로,
저를 좀 어루만져 주옵소서.
긴장과 불안을 좀 제거해 주옵소서.
이 세상을 살아가는 동안,
그 어떤 문제가 닥칠지라도,
능히 이겨낼 수 있는 능력을 저에게 좀 부어주옵소서.
주님께서 저를 도우시고,
강하게 하여 주실 줄 믿습니다.
예수님의 이름으로 치유기도 드립니다. 아멘.

"내 영혼아 네가 어찌하여 낙심하며 어찌하여 내 속에서 불안해 하는가 너는 하나님께 소망을 두라 나는 그가 나타나 도우심으로 말미암아 내 하나님을 여전히 찬송하리로다" 〈시 42:11, 개역개정〉

비교하면서 열등감을 느낄 때 드리는 치유기도

주님,

늘 내 안의 것을 보지 못하고, 남의 것만 의식하는, 이 마음을 치유하여 주옵소서. 저에게 주신 독특한 달란트, 남들이 찬탄하는 나만의 매력, 왜 저는 그것을 보지 못하는지요. 주님, 비교의식에서 자유하게 해주옵소서. 비교하면 비참해지나니, 그 평범한 진리를 깊이 헤아리게 하옵소서. 나와 다른 것은 다를 뿐이지 틀린 게 아니라는 생각으로, 이웃을 따뜻하게 바라보게 하옵소서. 그 마음 그 생각으로, 이제 제 안의 소중한 가능성들을 하나씩 발견해 가게 하옵소서. 조급함을 물리치고, 마음의 여유로움과 영혼의 푸르름을 오늘도 만끽하게 하옵소서. 예수님의 이름으로 치유기도 드립니다. 아멘.

"너희가 온 세상을 얻는다 해도 생명을 잃어버리면 무슨 소용이 있겠느냐? 생명의 가치를 무엇과 비교할 수 있겠느냐?" 〈마 16:26, 현대어〉

비참함을 느낄 때 드리는 치유기도

하나님 아버지시여,
제가 비참한 인간이 되지 않게 하옵소서.
질투하고 부러워하는 인간은 비참하오니,
오히려 남을 칭찬하고 격려하며,
희망을 주는 인간이 되게 하옵소서.
인정받기나 기다리고 이름 내기를 원하는 인간은 비참하오니,
진실한 삶과 작은 일을 말없이 하며
책임 다하였음을 감사하고 만족하게 하옵소서.
이익이 있어야 움직이는 인간은 비참하오니,
돌려받을 계산 말고 사랑하게 하시며,
주는 것이 받는 것보다 복 있다는 진리를
정말 믿으며 살게 하옵소서.
남을 의심하며 맡기지 못하는 마음도 초라하오니,
탁 트인 마음으로 믿고 살게 하옵소서.
내 주장만 내세우고 고집을 세우려는 인간은 정말 비참하오니,
잘 듣는 편에 서게 하시고,
남이 선 자리에 서 보는 슬기를 주옵소서.
남의 실수나 잘못되기를 바라는 마음은
진짜로 비참한 쓰레기 정신이오니,
싸매주고 덮어 주고 잊어주고 용서하며,
축복하는 마음으로 살게 하옵소서.
비판과 비난을 오래 기억하고 있다면 발전 못 할 인간이기에

그 끝이 비참하고 비참하오니
이제라도 마음을 비우고 맑고 밝게 살게 하옵소서.
줄곧 재미만 보려는 인간은 비참하오니,
희생의 쾌감과 짐 지는 만족을 느끼며,
주님 가신 발자취를 묵묵히 따르게 하옵소서.
주님, 제가 비참한 인간이 되지 않게 하옵소서.
예수님의 이름으로 치유기도 드립니다. 아멘.

"우리는 하나님께 등을 돌리거나 비참한 운명에 처해서는 안 됩니다. 그보다는 하나님을 믿는 믿음이 우리를 구원하리라는 확신을 갖고 살아야 합니다." 〈히 10:39, 현대어〉

③
_____

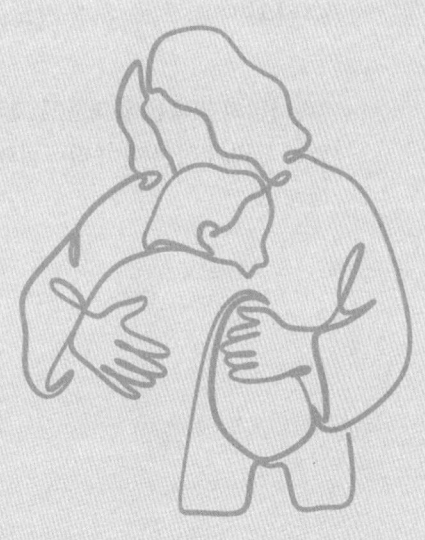

사도들이 가르쳐 준 치유기도(새 번역)

주님,
나는 전능하신 아버지 하나님, 천지의 창조주를 믿습니다! 나는 그의 유일하신 아들, 우리 주 예수 그리스도를 믿습니다! 그는 성령으로 잉태되어 동정녀 마리아에게서 나시고, 본디오 빌라도에게 고난을 받아 십자가에 못 박혀 죽으시고, 장사된 지 사흘 만에 죽은 자 가운데서 다시 살아나셨으며, 하늘에 오르시어 전능하신 하나님 우편에 앉아 계시다가 거기로부터 살아 있는 자와 죽은 자를 심판하러 오십니다. 나는 성령을 믿으며, 거룩한 공교회와 성도의 교제와 죄를 용서받는 것과 몸의 부활과 영생을 믿습니다! 예수님의 이름으로 치유기도 드립니다. 아멘!

"하나님의 약속은 얼마든지 그리스도 안에서 예가 되니 그런즉 그로 말미암아 우리가 아멘 하여 하나님께 영광을 돌리게 되느니라"〈고후 1:20, 개역개정〉

사도들이 가르쳐 준 치유기도(옛 번역)

주여,
전능하사 천지를 만드신 하나님 아버지를 내가 믿사오며, 그 외
아들 우리 주 예수 그리스도를 믿사오니, 이는 성령으로 잉태하사
동정녀 마리아에게 나으시고, 본디오 빌라도에게 고난을 받으사,
십자가에 못 박혀 죽으시고, 장사한 지 사흘 만에 죽은 자 가운데
서 다시 살아나시어, 하늘에 오르사, 전능하신 하나님 우편에 앉
아 계시다가, 저리로서 산 자와 죽은 자를 심판하러 오시리라. 성
령을 믿사오며, 거룩한 공회와, 성도가 서로 교통하는 것과, 죄를
사하여 주시는 것과, 몸이 다시 사는 것과, 영원히 사는 것을 믿사
옵나이다. 예수님의 이름으로 치유기도 드립니다. 아멘.

"이를 위하여 내가 전파하는 자와 사도로 세움을 입은 것은 참말이요 거짓
말이 아니니 믿음과 진리 안에서 내가 이방인의 스승이 되었노라" 〈딤전
2:7, 개역개정〉

사랑이 식어갈 때 드리는 치유기도

하나님,

제 영혼을 사랑하시는 거룩한 분이시여, 하나님께서 제 안으로 들어오실 때, 제 안에 있는 것들이 모두 다 기뻐 뜁니다. 하나님은 제 영광이십니다. 제 마음의 기쁨이십니다. 하나님은 제 희망이십니다. 환난 날에 피할 피난처이십니다. 비오니, 온갖 악한 감정들로부터 저를 해방시키시고, 좋지 않은 감정들로부터 제 마음을 치유하여 주옵소서. 제 속사람이 치유함을 받고 정결하게 되어, 사랑하기에 적합한 이가 되게 하옵소서. 고난을 용감하게 뚫게 나아가게 하시며, 끝까지 참아내게 하옵소서. 사랑보다 더 달콤한 것은 없으며, 사랑보다 더 용감한 것도 없습니다. 하늘과 땅을 통틀어 사랑보다 더 충만하고 좋은 것도 없습니다. 사랑은 하나님께로부터 나오는 것이기 때문입니다. 하나님 외에 그 어떤 피조물도 그 어느 곳에서도 머물 수 없는 것이기 때문입니다. 비오니, 제가 하나님을 제 자신보다 더 사랑하게 하옵소서. 제가 아니라, 오직 하나님만 사랑하게 하옵소서. 사랑의 계명에 따라 하나님을 진정 사랑하는 모든 이를, 하나님 안에서 진정 사랑하게 하옵소서. 예수님의 이름으로 치유기도 드립니다. 아멘.

"사랑하는 자들아 우리가 서로 사랑하자 사랑은 하나님께 속한 것이니 사랑하는 자마다 하나님으로부터 나서 하나님을 알고 사랑하지 아니하는 자는 하나님을 알지 못하나니 이는 하나님은 사랑이심이라" 〈요일 4:7-8, 개역개정〉

사랑하는 사람을 잃었을 때 드리는 치유기도

하늘에 계신 우리 아버지,
이제 주님의 뜻에 겸손히 따르겠습니다. 주님의 지혜가 제 지혜보
다 크시기 때문입니다. 주님께서는 제 마음이 얼마나 슬픈지, 제
비탄이 얼마나 깊은지를 다 아십니다. 저는 지금도 사라져 버린
손길을 고대하며, 들리지 않는 음성을 고대합니다. 그 심정 아시
지요, 주님? 하지만 주님께서는 자애로우시고 친절하십니다. 주님
께서는 제 상처 입은 마음을 위로하여 주십니다. 주님의 아들 예
수 그리스도를 통하여, 더 이상 이별이 없는 하늘나라에서 제가
사랑하는 사람을 다시 만나게 되리라는 소망을 안겨 주시니 감사
합니다. 제 눈에서 눈물을 말끔히 거두어 주옵소서. 주님, 가난한
제 마음을 그리도 잘 이해해 주시고, 주님께 기댈 수 있도록 하여
주시니 감사합니다. 예수님의 이름으로 감사하며 치유기도 드립
니다. 아멘.

"사랑하는 형제들이여, 그리스도인이 죽으면 어떻게 되는가를 늘 명심해
두십시오. 그래서 사람이 죽었을 때 슬픔에 못 이겨 아무 희망도 없는 사람
들처럼 행동하는 일이 없도록 하십시오." 〈살전 4:13, 현대어〉

사랑하는 자녀를 잃었을 때 드리는 치유기도

하늘에 계신 우리 아버지,
제가 예수 그리스도의 위대하심과 선하심을
이해할 수 있도록 도와주옵소서.
주님께서 제 눈물을 모두 닦아 주시며,
제 아이 _____를
영원한 아침 해가 솟는 곳으로 인도하십니다.
저에게 굳센 평화와 확신을 주옵소서.
이제 제가 사랑하는 사람들과 다시 뭉쳐,
주님과 영원히 함께 살아가게 하옵소서.
우리의 구원자이신
주 예수 그리스도의 이름으로 치유기도 드립니다. 아멘.

"주께서 호령과 천사장의 소리와 하나님의 나팔 소리로 친히 하늘로부터 강림하시리니 그리스도 안에서 죽은 자들이 먼저 일어나고 그 후에 우리 살아남은 자들도 그들과 함께 구름 속으로 끌어 올려 공중에서 주를 영접하게 하시리니 그리하여 우리가 항상 주와 함께 있으리라 그러므로 이러한 말로 서로 위로하라" 〈살전 4:16-18, 개역개정〉

살든지 죽든지 주님의 뜻에 맡겨드리는 치유기도

주 예수 그리스도시여,

주님은 살아 있는 이들을 위한 유일한 건강의 근원이십니다. 주님은 죽어 가는 이들에게 영생을 약속하셨습니다. 저는 제 자신을 주님의 뜻에 맡겨드립니다. 주님의 뜻이 제가 이 세상에 더 오래 머무르는 것이라면, 현재의 제 병을 깨끗이 고쳐주시기를 빕니다. 주님의 뜻이 제가 이 세상을 뜨는 것이라면, 영원한 건강을 누릴 불멸의 몸을 얻게 될 것이라는 확실한 희망 속에서, 이 죽을 수밖에 없는 몸을 기꺼이 버리겠습니다. 제가 부탁드리는 것은, 단지, 주님께서 제 고통을 덜어 주시어, 살든지 죽든지, 평화와 만족을 누리는 것입니다. 주님, 저를 긍휼히 여기시고, 그 전능하신 팔을 펴시어 도와주옵소서. 예수님의 이름으로 치유기도 드립니다. 아멘.

"나의 간절한 기대와 소망을 따라 아무 일에든지 부끄러워하지 아니하고 지금도 전과 같이 온전히 담대하여 살든지 죽든지 내 몸에서 그리스도가 존귀하게 되게 하려 하나니" 〈빌 1:20, 개역개정〉

삶의 무의미함, 허무함 치유기도

태초에 아무 의미 없는 것들에 의미를 부여하신 하나님, 안개 속을 걷는 길처럼, 무채색의 풍경처럼, 삶의 의미를 잃어버린 마음을 주님께 드립니다. 바람에 흩어지는 먼지처럼, 허무하고 공허한 이 존재를 불쌍히 여겨 주옵소서. 주님, 이 방황하는 마음을 주님의 품에 내려놓습니다. 세상의 헛된 것에서 찾으려 했던 삶의 이유가 아니라, 주님의 눈빛 안에 깃든 제 참된 존재 이유를 보게 하옵소서. 제 삶을 무의미하게 만들었던 모든 어둠을 걷어내는 새벽이 되어주옵소서. 이제 제 메마른 땅에 생명의 강물을 부어주시고, 제 삶의 무채색 풍경에 주님의 사랑으로 가득 찬 아름다운 색을 칠하여 주옵소서. 길 잃은 양처럼 헤매던 저를 주님의 길로 인도하사, 주님과 함께 걷는 삶의 의미를 발견하게 하옵소서. 영원한 의미가 되시는 주님을 찬양합니다. 주님 안에서 참된 기쁨과 소망을 찾을 것을 믿으며, 예수 그리스도의 이름으로 치유기도 드립니다. 아멘.

"전도자나 말한다. 헛되고 헛되며, 헛되고 헛되니 모든 것이 헛되다. 사람이 그토록 온갖 수고를 하지만 도대체 무슨 유익이 있는가?" 〈전 1:2-3, 현대어〉

삶의 무의미함을 느낄 때 드리는 치유기도

성부이신 아버지 하나님,
제 삶의 근본이 되시며 삶의 의미가 되시는 주님이시여, 주님이
아니시면 저에게는 삶의 목적도 없고, 의미도 낙도 광명도 없습니
다. 주님 안에 삶의 목표가 있으며, 주님이 삶의 의미가 되십니다.
주님께서 제 안에 계심으로 제가 살아있습니다.

주님, 제가 주님께로 가는 것이 제 목적이고, 주님과 같이 되는 것
이 제 희망과 즐거움입니다. 지혜 있고 훌륭한 이로 사람들에게
알려지기보다는, 차라리 미련한 이가 되어, 주님 안에 있게 되기
를 바랍니다. 죄를 깨닫고 자복하는 이가 될까요, 주님의 사유하
심을 간증하는 이가 될까요? 주님의 깊으신 뜻을 조금도 모르는
제가 아닙니까?

주님, 아시다시피 제가 사람과 가까이함으로 얻어질 것도 없습니
다. 도리어 신앙의 동요 덕에 손상이 있을지언정, 도움은 조금도
없습니다. 단지 성부 하나님께 가까이 나아갈 때만, 담대함과 용
기와 능력과 지혜와 덕과 완전과 영생을 얻습니다.

주님, 저에게 회개를 주옵소서. 생명 얻는 회개를 주옵소서. 주님,
제 가슴에 탄식을 주옵소서. 회개를 못 해 탄식케 하옵소서. 부끄
러워할 줄 알게 하옵소서. 제 죄를, 진정으로 제 어리석음을, 내려
놓게 하옵소서. 제 지혜를 버리게 하옵소서. 제 주장, 제 고집을 버

리게 하옵소서. 오직 주님 생각만 받아들이게 하옵소서. 주님만 모셔 들이게 해주옵소서.

주님, 주님의 주장으로 제 주장을 삼게 하옵소서. 주님의 뜻을 받들어 제 뜻이 되게 하옵소서. 주님의 지혜가 제 지혜가 되게 하옵소서. 주님의 애통이 제 애통이 되게 하옵소서. 예수님의 이름으로 치유기도 드립니다. 아멘.

"전도자가 이르되 헛되고 헛되며 헛되고 헛되니 모든 것이 헛되도다" 〈전 1:2, 개역개정〉

상한 감정의 치유기도

사랑하는 주 예수님,
제가 지금 겪고 있는 감정을 아시고 이해해 주시니 감사합니다.
성경은 "나의 모든 염려를 주께 맡겨드리라 주께서 나를 돌보시나니"(베드로전서 5:7)라고 가르칩니다.

오늘, 저를 압도하는 모든 감정과, 그 감정과 관련된 모든 상황, 조건, 사건을 제 손에 쥐어 주님께 드립니다. (지금 느끼는 감정과, 그 감정과 관련된 상황을 큰 소리로 말해보세요. 한 손을 사용하여, 마치 가슴에서 그 감정들을 하나씩 꺼내, 다른 손에 쥐어 올리는 것처럼 해 보세요. 예를 들어, 한 손으로 다가올 시험에 대한 두려움을 가슴에서 꺼내, 다른 손에 쥐어 주님께 올려드립니다. 여러 감정이나 상황을 손에 쥐어 주님께 드린 후, 다음과 같이 계속하셔도 됩니다.)

주 예수님, (손을 들어 올리며) 제 손에 있는 이 모든 감정을 주님께 올려드립니다. 제 모든 억눌린 감정도 주님께 올려드립니다. 이러한 감정을 불러일으키는 제 상황이나 고통스러운 기억 속으로 주님을 초대합니다. (주님 앞에 가만히 서서, 그분께서 여러분에게 무엇을 가져다주시는지 보십시오.)

주님, 제 감정의 균형을 회복해 주시기를 간구합니다. 저를 마비시키고 기쁨을 앗아간 분노, 두려움, 슬픔, 두려움을 주님께 드립니다. 어떤 종류의 상실, 미래에 대한 두려움, 단절된 느낌과 불안, 깊이 자리 잡은 분노, 원망, 또는 쓰라림 때문에 해결되지 않은 모든 슬픔을 주님께 내려놓습니다. 제 모든 혼란과 혼자라는 느낌, 또는 오해받는다는 느낌을 주님께 내려놓습니다.

주님, 제 모든 생각에서 의심, 두려움, 또는 부정적인 기대를 씻어 주옵소서. 주님의 변함없는 사랑으로 제 마음을 새롭게 해주옵소서. 제 몸 안에 부정적인 감정이 자리 잡은 곳을 풀어주옵소서.

만일 어떤 고통, 분노, 슬픔, 또는 두려움의 영들이 어떤 식으로든 저를 억압했다면, 예수 그리스도의 권세로 명하노니, 주 예수님께 속하지 않은 모든 영들은 지금 나를 떠나 다시는 돌아오지 말지어다! 예수님께 나아가, 그분의 뜻대로 다루어질지어다!

사랑하는 주 예수님, 제 마음과 생각을 주님의 온전한 사랑으로 채워주시기를 간구합니다. 제 상황에도 불구하고, 매일 주님의 평화와 기쁨, 그리고 깊은 행복을 경험하도록 도와주옵소서.

주님, 제 귀를 여시어, 주님께서 주시는 기쁨의 말씀을 듣게 해주옵소서. 제 마음을 새롭게 하시어, 주님의 선하심과 돌보심, 그리고 제 삶에 대하여 이리저리 공급하시는 은혜를 진정으로 믿게 해주옵소서. 제 안에 정한 마음을 창조하시고, 정직한 영을 새롭게 해주옵소서.

주 예수님, 성령의 열매, 곧 사랑과 희락과 화평, 오래 참음과 자비와 양선, 충성과 온유와 절제 안에서, 이제는 더욱 성숙하도록 은혜를 베풀어 주옵소서. 그리하여 주님을 닮아가는 것이 제 운명이 되게 하옵소서.

주님, 사랑합니다. 저를 주님과 같이 변화시켜 주셔서 감사합니다. 예수님의 이름으로 치유기도 드립니다. 아멘.

"걱정에 싸여 지내지 말고 무슨 일에 있어서든지 기도하십시오. 필요할 것을 하나님께 아뢰고, 여러분의 기도에 응답해 주시는 하나님께 감사드리는 일을 잊지 마십시오. 그러면 여러분은 인간의 이해를 훨씬 더 초월한 하나님의 평화를 경험하게 될 것입니다. 여러분이 그리스도 예수를 의지할 때 하나님의 평화가 여러분의 생각과 마음을 안정시키며 안식을 줄 것입니다."
〈빌 4:6-7, 현대어〉

새 삶을 얻기 위하여 용서를 선언하는 치유기도

주님,
복음의 기쁜 소식을 듣게 하시니 감사합니다.
고린도전서 15장 22절에 말씀하셨지요?
"아담 안에서 모든 사람이 죽은 것 같이
그리스도 안에서 모든 사람이 삶을 얻으리라."
이 말씀에 의지해서,
제 죄가 용서받은 것을 선언합니다.
예수님의 이름으로 치유기도 드립니다. 아멘.

"아담 안에서 모든 사람이 죽은 것 같이 그리스도 안에서 모든 사람이 삶을
얻으리라" 〈고전 15:22, 개역개정〉

생각과 말과 행동으로 지은 죄를 고백하는 치유기도

전능하신 하나님,
제 하늘 성부시여!
저는 하나님과 이웃에 대하여 죄를 지었습니다.
저는 생각과 말과 행동으로 죄를 지었습니다.
하지 말아야 할 일은 하면서도,
정작 해야 할 일은 하지 않았습니다.
자비를 베푸시어,
제가 지은 죄를 용서하여 주옵소서.
저를 도우시어,
새롭게 하여 주시며,
저를 올곧은 길로 이끌어주옵소서.
주 예수 그리스도의 이름으로 치유기도 드립니다. 아멘.

"여호와는 긍휼이 많으시고 은혜로우시며 노하기를 더디 하시고 인자하심
이 풍부하시도다 자주 경책하지 아니하시며 노를 영원히 품지 아니하시리
로다 우리의 죄를 따라 우리를 처벌하지는 아니하시며 우리의 죄악을 따라
우리에게 그대로 갚지는 아니하셨으니 이는 하늘이 땅에서 높음 같이 그를
경외하는 자에게 그의 인자하심이 크심이로다 동이 서에서 먼 것 같이 우리
의 죄과를 우리에게서 멀리 옮기셨으며" 〈시 103:8-12, 개역개정〉

생기 없이 메말라 있는 죄를 고백하는 치유기도

은총의 하나님,
하나님께서는 구원과 생명의 빛을 밝히시려고, 예수님을 저에게
보내셨습니다. 그러나 저는 그 빛을 보지 못했음을 고백합니다.
그 빛을 볼 수 있는 눈이 감겨져 있었습니다. 또한 저는 그 빛을 두
려워하기까지 했습니다. 그 빛 앞에 제 허물이 드러나는 것을 원
치 않기 때문입니다. 그래서 저는 심령을 닫고, 어둠 속에 숨었습
니다. 사랑과 진리의 밝은 빛에, 죄 된 제 자신을 드러내기가 너무
부끄럽고 두려워서, 숨기고 가리는 생활을 해왔습니다. 죄인들에
게도 똑같이 해를 비추어 주시는 하나님, 저는 죄인이오니, 자비
를 베풀어 주옵소서. 저는 무력하오니, 능력으로 채워주옵소서.
저는 메말라 있사오니, 생기를 주옵소서. 제 삶이 어두우니, 밝은
빛을 비추어 주옵소서. 이 시간 제 얼굴과 삶에서도, 그리스도의
빛이 비치게 하여 주옵소서. 그리하여 하나님께는 영광을 돌리고,
이웃에게는 기쁨을 주게 하옵소서. 예수 그리스도의 이름으로 치
유기도 드립니다. 아멘.

**"알지 못하던 시대에는 하나님이 간과하셨거니와 이제는 어디든지 사람에
게 다 명하사 회개하라 하셨으니"** 〈행 17:30, 개역개정〉

선택의 기로에 섰을 때 드리는 치유기도

주님,

선택이 없는 시간, 선택이 없는 장소, 그것은 있을 수 없음을 저는 알고 있습니다. 그리고 제 자신이 주님을 선택하는 일을 얼마나 완강하게 거부하는지도 알고 있습니다. 그러므로 비오니, 주님, 부디 순간순간 모든 장소에서, 저와 함께하여 주옵소서. 그리하여 이 치유기도를 신실하게 드려서, 마침내, 주님께서 저를 위하여 마련해 주실 새 생명을, 기쁨으로 맛볼 수 있게 하옵소서. 날마다 시간마다, 샘솟는 힘과 용기를 내려주옵소서. 예수님의 이름으로 치유기도 드립니다. 아멘.

"하지만 여호와를 섬기며 살아가는 것을 못마땅해한다면, 그것이 싫다면 지금 그대들이 누구를 섬기며 살아갈 것인지 분명히 선택하시오. 그대들의 선조들이 유브라데강 건너편에서 살 때 섬겼던 그 신들을 모시며 살 생각이 있소? 그도 아니면 지금 그대들이 들어와 살고 있는 이 땅에서 아모리 사람들이 섬기고 받드는 신들을 모시며 살 생각이 있소? 그대들 마음대로 선택하시오. 어찌하든 좋소! 그러나 나와 나의 집안만은 여호와를 모시고 살아가겠소'" 〈수 24:15, 현대어〉

성격장애 치유기도

-편집적(Paranoid) 성격장애 치유기도

주님,
제 편집적 성격장애를 불쌍히 여겨 주옵소서. 의심의 굴레에 갇혀 고통받는 이 영혼, 모두가 나를 해치려 한다는 피해의식의 장막을 걷어주옵소서. 예수 그리스도의 이름으로 명하노니, 불신의 영은 내 영혼에게서 떠나갈지어다! 불신으로 생긴 모든 벽은 무너질지어다! 주님의 완전한 평화와 신뢰의 마음이 이 영혼을 가득 채워, 타인을 향한 불안 대신, 평안을 누리게 하실 것을 믿습니다. 살아 계신 예수 그리스도의 이름으로 치유기도 드립니다. 아멘.

-분열적(Schizoid) 성격장애 치유기도

주님,
제 분열적 성격장애를 불쌍히 여겨 주소서. 외로움의 감옥에 갇혀 관계의 문을 닫아버린 이 영혼, 나 혼자 있기만 원하는 제 마음의 감옥을 부수어주옵소서. 예수님의 이름으로 명하노니, 고립의 영은 내 영혼에게서 떠나갈지어다! 굳게 닫힌 마음의 문은 열릴지어다! 다른 이들과 사랑으로 교제하며 참된 기쁨을 누리게 하시고, 메마른 감정의 샘이 주님의 사랑으로 다시 넘치게 하실 것을 믿습니다. 살아 계신 예수님의 이름으로 치유기도 드립니다. 아멘.

-분열형(Schizotypal) 성격장애 치유기도

주님,
제 분열형 성격장애를 불쌍히 여겨 주옵소서. 왜곡된 생각과 이상한 행동의 미로에 갇힌 이 영혼, 주님만이 진리이심을 온전히 깨닫게 하시고, 영적 혼란과 뒤틀린 사고방식에서 벗어나게 하옵소서. 예수 그리스도의 이름으로 명하노니, 혼란의 영은 내 영혼에게서 떠나갈지어다! 왜곡된 생각과 망상은 사라질지어다! 주님의 온전한 지혜와 분별력을 허락하사, 정상적인 관계와 삶의 질서를 회복하게 하실 것을 믿습니다. 살아 계신 예수 그리스도의 이름으로 치유기도 드립니다. 아멘.

-반사회적(Antisocial) 성격장애 치유기도

주님,
제 반사회적 성격장애를 불쌍히 여겨 주옵소서. 메마른 양심과 공감 능력을 잃어버린 이 영혼, 타인의 고통에 무감각한 굳은 마음을 녹여주시고, 이기적인 욕망의 굴레에서 벗어나게 하옵소서. 예수 그리스도의 이름으로 명하노니, 잔인함의 영은 내 영혼에게서 떠나갈지어다! 다른 이를 해치는 모든 악한 생각은 사라질지어다! 주님의 십자가 사랑이 이 영혼에 임하여, 타인을 향한 진정한 연민과 사랑의 마음을 회복하게 하실 것을 믿습니다. 살아 계신 예수 그리스도의 이름으로 치유기도 드립니다. 아멘.

-경계선적(Borderline) 성격장애 치유기도

주님,
제 경계선적 성격장애를 불쌍히 여겨 주옵소서. 격정적인 감정의 파도에 휩쓸려 방황하는 이 영혼, 폭풍우처럼 몰아치는 불안정한 감정의 주인이 되어주시고, 혼란스러운 정체성의 끈을 주님께서 단단히 붙잡아주옵소서. 예수 그리스도의 이름으로 명하노니, 감정의 영은 내 영혼에게서 떠나갈지어다! 분노와 공허함의 묶임은 끊어질지어다! 주님의 평안이 이 영혼을 감싸고, 온전한 자기상과 안정된 관계를 회복하게 하실 것을 믿습니다. 살아 계신 예수 그리스도의 이름으로 치유기도 드립니다. 아멘.

-히스테리적(Histrionic) 성격장애 치유기도

주님,
제 히스테리적 성격장애를 불쌍히 여겨 주옵소서. 타인의 시선과 관심에 목말라 고통받는 이 영혼, 인정받기 위한 외침과 과장된 감정의 가면을 벗게 하시고, 주님 안에서 참된 가치를 발견하게 하옵소서. 예수 그리스도의 이름으로 명하노니, 관심을 구하는 영은 내 영혼에게서 떠나갈지어다! 모든 거짓된 연극과 가면은 불타 사라질지어다! 오직 주님만이 나의 전부가 되심을 고백하게 하시고, 주님의 온전한 사랑 안에서, 평안과 만족을 누리게 하실 것을 믿습니다. 살아 계신 예수 그리스도의 이름으로 치유기도 드립니다. 아멘.

-자기애적(Narcissistic) 성격장애 치유기도

주님,

제 자기애적 성격장애를 불쌍히 여겨 주옵소서. 나 자신을 우상 삼아 타인을 멸시하는 이 영혼, 오만함의 벽을 허무시고, 끝없는 칭찬을 갈망하는 마음을 치료하옵소서. 예수 그리스도의 이름으로 명하노니, 자기애의 영은 이 영혼에게서 떠나갈지어다! 오만함과 교만의 묶임은 끊어질지어다! 타인의 고통을 외면했던 메마른 마음을 녹여주시고, 주님의 겸손하신 영이 임하여, 진정한 사랑과 연민을 회복하게 하실 것을 믿습니다. 살아 계신 예수 그리스도의 이름으로 치유기도 드립니다. 아멘.

-회피적(Avoidant) 성격장애 치유기도

주님,

제 회피적 성격장애를 불쌍히 여겨 주옵소서. 거절과 비난의 두려움에 갇혀 세상 밖으로 숨어버린 이 영혼, 나 스스로를 무가치하다 여기는 이 절망의 감옥을 무너뜨려 주옵소서. 예수 그리스도의 이름으로 명하노니, 회피의 영은 내 영혼에게서 떠나갈지어다! 자신감 부족과 불안의 묶임은 끊어질지어다! 주님의 무조건적인 사랑으로 이 영혼을 채우사, 세상 속으로 당당히 나아가고, 사랑과 관계를 회복하게 하실 것을 믿습니다. 살아 계신 예수 그리스도의 이름으로 치유기도 드립니다. 아멘.

-의존적(Dependent) 성격장애 치유기도

주님,
제 의존적 성격장애를 불쌍히 여겨 주옵소서. 스스로 결정하지 못하고 타인에게만 의지하는 이 영혼, 홀로 설 수 없다는 불안과 의존의 사슬을 끊어주옵소서. 예수 그리스도의 이름으로 명하노니, 의존의 영은 내 영혼에게서 떠나갈지어다! 두려움과 불안의 묶임은 끊어질지어다! 주님 안에서 자립하는 힘과 지혜를 허락하시어, 주님께만 온전히 의지하고, 스스로 견고하게 서게 하실 것을 믿습니다. 살아 계신 예수 그리스도의 이름으로 치유기도 드립니다. 아멘.

-강박적-충동적(Obsessive-Compulsive) 성격장애 치유기도

주님,
제 강박적-충동적 성격장애를 불쌍히 여겨 주옵소서. 모든 것을 완벽하게 통제하려는 강박에 갇힌 이 영혼, 저 자신이 정한 기준에 짓눌려 쉼을 얻지 못하는 이 영혼을 자유케 하옵소서. 예수 그리스도의 이름으로 명하노니, 강박의 영은 내 영혼에게서 떠나갈지어다! 통제하려는 모든 욕구는 사라질지어다! 주님의 은혜와 사랑 안에서 제 자신의 불완전함을 받아들이고, 모든 염려를 주님께 맡기는 진정한 평안을 누리게 하실 것을 믿습니다. 살아 계신 예수 그리스도의 이름으로 치유기도 드립니다. 아멘.

"새 계명을 너희에게 주노니 서로 사랑하라 내가 너희를 사랑한 것 같이 너희도 서로 사랑하라" 〈요 13:34, 개역개정〉

성격장애를 느낄 때 드리는 치유기도

성령님,

만물을 탐구하시되, 하나님의 깊은 것과 제 깊은 것까지도 속속들이 살피시는 이시여, 비오니, 마음의 병을 앓고 있는 저를 긍휼히 여겨 주옵소서. 제 성격의 근원들을 꿰뚫어 보옵소서. 저를 깨끗이 하옵소서. 저를 치유하여 주옵소서. 저를 하나 되게 하옵소서. 제 온갖 기억을 거룩하게 하옵소서. 제 온갖 두려움을 물리쳐 주옵소서. 제가 마음과 뜻을 다하여, 주님을 사랑하게 하옵소서. 그래서 제가 건강해지게 하옵소서. 영원히 주님께 영광을 드릴 수 있도록 해주옵소서. 악한 세력을 쫓아내시고, 제 마음을 치유하시는, 우리 주 예수 그리스도의 이름으로 치유기도 드립니다. 아멘.

"주께서 심지가 견고한 자를 평강하고 평강하도록 지키시리니 이는 그가 주를 신뢰함이니이다" 〈사 26:3, 개역개정〉

소소하지만 확실한 행복을 간구하는 치유기도

주님,

제 이름은 현복이지만, 어렸을 때 모두가 발음이 어려워, 저를 현복이라고 하지 않고, 행복이라고 불렀습니다. 하여, 행복은 제 평생의 질문이 되었습니다. 행복이란 과연 무엇일까? 어떻게 하면 행복하게 살 수 있을까? 아니, 어떻게 하면 사람들을 행복하게 할 수 있을까?

그래서 군대에서도 행복플러스를 개발해서, 매주 1박 2일, 초급간부 행복플러스 캠프를 운영했습니다. 최전방 병사들을 위로하기 위하여, 5,000계단을 밧줄을 타고 올라갔습니다. 찾아가는 행복플러스가 그것이었습니다. 외로운 군인가정 행복플러스, 고급간부 리더십 행복플러스, 자살예방 비전캠프 생명사랑 행복플러스, 지난 24년, 제 삶은 온통 행복플러스의 삶이었습니다.

그런데 지금, 저는 너무 아픕니다. 몸이 너무나 아픕니다. 가슴이 너무나 아픕니다. 아니, 제 영혼이, 지금 너무나 아픕니다. 나는 정말 행복한 삶을 살았던가! 후회가 막심합니다. 행복을 늘 내일로 미루어 왔기 때문입니다. 이제 나는 과연 얼마나 살 수 있을까? 아니, 나는 과연 행복한 죽음을 맞이할 수 있을까? 모든 것이 조심스럽습니다. 어떤 꿈도, 어떤 시도도, 좀처럼 엄두가 안 납니다. 이게 다 무슨 의미가 있을까? 하루에도 수십 번, 감정의 롤러코스터, 천국과 지옥을 오갑니다.

주님, 주님 생각은 무엇이신지요? 주님 계획은 있으신 거지요? 부디 응답해 주옵소서. 이제는 모든 것, 주님 손에 맡겨드릴 뿐! 오직 한 가지, 두 손을 모으는 기도는, 남은 삶, 행복하게 살다 가는 것. 하여, 째깍째깍, 남아 있는 이 소중한 초침들, 누군가의 찬양처럼, 저도 부디 이렇게 살게 하옵소서.

화려하지 않아도 정결하게 사는 삶, 가진 것이 적어도 감사하며 사는 삶, 내게 주신 작은 힘 나눠주며 사는 삶, 이것이 제 삶의 행복입니다. 눈물 날 일 많지만 기도할 수 있는 것, 억울한 일 많으나 주를 위해 참는 것, 비록 짧은 작은 삶 주 뜻대로 사는 것, 이것이 제 삶의 행복입니다. 이것이 행복, 행복입니다. 세상은 알 수 없는 하나님 선물, 이것이 행복, 행복입니다. 하나님의 자녀로 살아가는 것, 이것이 행복입니다.

주님, 이 모든 소소한 행복, 태초에 천국에서 주고자 하셨던 이 행복, 되찾고 누리고 전하겠습니다. 부디 이 손, 이 손, 주님 손으로 꼭 잡아주옵소서. 아들아, 염려 마라. 내가 다 생각이 있다. 내가 다 계획이 있다. 부디 이 손, 이 손, 주님 손으로 꼭 잡아주옵소서. 예수님의 이름으로 치유기도 드립니다. 아멘.

"이스라엘이여 너는 행복한 사람이로다 여호와의 구원을 너 같이 얻은 백성이 누구냐 그는 너를 돕는 방패시요 네 영광의 칼이시로다 네 대적이 네게 복종하리니 네가 그들의 높은 곳을 밟으리로다" 〈신 33:29, 개역개정〉

쉼이 없을 때 드리는 치유기도

주님,
주님은 늘 일하시며, 늘 쉬십니다.
주님께서 보시고, 일하시고, 쉬시는 것은,
시간 안에서 일어나는 일이 아닙니다.
허나, 주님의 행동은,
시간 안에 변화를 일으키십니다.
시간 자체를 만들어내십니다.
시간 밖에 있는 쉼을,
시간 안에서 누리도록 하십니다.
감사드리며,
예수님의 이름으로 치유기도 드립니다. 아멘.

"이미 그의 안식에 들어간 자는 하나님이 자기의 일을 쉬심과 같이 그도 자기의 일을 쉬느니라" 〈히 4:10, 개역개정〉

스트레스 치유기도

수고하고 무거운 짐 진 자를 부르시는 주님,
숨 막히는 압박과 스트레스, 어지러운 생각의 실타래를 안고, 주
님 앞에 섭니다. 삶의 폭풍우 속에서 흔들리며, 짐을 내려놓을 힘
조차 없는, 제 연약함을 보아주소서. 주님, 이 모든 스트레스의 짐
을 주님의 사랑 그윽하신 품에 내려놓습니다. 마음의 고요한 바다
를 허락하시어, 요동치는 파도들을 잠잠케 하옵소서. 복잡하게 얽
힌 생각의 매듭을 풀어주시고, 주님의 평화로우신 날개로 제 영혼
을 덮어 주옵소서. 이제 주님께서 주시는 안식 속에서, 새로운 힘
과 감사의 노래를 얻게 하옵소서. 세상의 모든 염려를 주님께 맡
기고, 오직 주님만으로 평안을 누리는 삶을 살게 하옵소서. 제 모
든 짐을 대신 져주시는 주님께 감사드리며, 예수 그리스도의 이름
으로 치유기도 드립니다. 아멘.

"수고하고 무거운 짐 진 자들아 다 내게로 오라 내가 너희를 쉬게 하리라"
〈마 11:28, 개역개정〉

스트레스를 받았을 때 드리는 치유기도

예수님,
제가 스트레스를 받을 때마다,
주님께서는 언제나 제 가까이 계십니다.
제가 주님의 존재를 느낄 수 없을 때도,
주님은 제 가까이 계십니다.
주님께서는 저를 도우시고, 지켜주시려고,
언제나 그곳에 계십니다.
하늘과 땅의 그 무엇도,
저를 주님으로부터 갈라놓을 수 없습니다.
예수님의 이름으로 치유기도 드립니다. 아멘.

"여호와는 나의 목자시니 내게 부족함이 없으리로다" 〈시 23:1, 개역개정〉

슬퍼하는 이들을 위하여 드리는 치유기도

주님,

이 세상에는 슬퍼하는 이들이 너무나 많습니다. 그러나 이 시간 그들에게 따스한 빛을 비추시어, 그들이 슬픔을 세상의 죄를 들여다보는, 마음의 훈련으로 삼게 하옵소서. 슬픔 그 자체가 사랑을 꽃피울 수 있는, 마음의 훈련이 되게 하옵소서. 내가 겪고 있는 슬픔이, 눈물을 자아내는 자유의 대가임을 알게 하옵소서. 깊은 슬픔 속에서, 하나님의 사랑이 무한하심을 체험하게 하옵소서. 셀 수 없는 눈물을 오늘도 조용히 닦아 주시는 예수님의 이름으로 치유기도 드립니다. 아멘.

"그들의 행실을 내가 다 보았기 때문에 이제는 내가 그들의 상처를 고쳐 주고 편히 쉬도록 하겠다. 내가 상한 자를 다시 고쳐 주고 슬퍼하는 자를 다시 위로해 주겠다." 〈사 57:18, 현대어〉

슬퍼하는 이들을 위한 치유기도

주님,
제 상실의 아픔, _____를 잃은 아픔을 주님께 올려드립니다.
주님의 친구, 나사로의 무덤에서 눈물을 흘리셨던 주님, 제가
_____를 위해 우는 동안, 저를 붙잡아 주옵소서. 주님, 주님은
성령으로 제 곁에 오셔서, 위로해 주시는 분이십니다. 제게 가까
이 오셔서, 제가 슬퍼하는 동안, 저를 위로해 주옵소서.

주님, 이 상실 속에서 너무나 외롭습니다. 주님께서 항상 저와 함
께하시고, 결코 저를 실망시키거나 버리지 않으신다는 것을 기억
하게 도와주옵소서. 제가 가장 필요한 방식으로 도움을 베풀어 주
옵소서. 이 어두운 골짜기를 헤쳐 나가는 데 필요한 도움을 구할
수 있는 은혜를 주옵소서.

주님, 제가 _____(이름)를 실망시킨 점, 제가 그에게 상처를 준
말과 행동, 그리고 _____가 살아 있을 때 제가 하지 못한 말과
행동에 대해 용서해 주시기를 간구합니다. _____(구체적인
잘못을 말해보세요.)에 대해서도 용서해 주옵소서. 제 죄를 자백
하오니, 모든 불의에서 저를 깨끗이 씻어 주옵소서. _____가
저에게 상처를 준 것에 대해서도 용서해 주옵소서. 이 죄의 결과
에 저희 둘을 묶어두지 않게 하옵소서. 이 모든 것에서 저희 둘을
풀어 주옵소서. _____를 주님의 자비하신 품에 안깁니다.

주님, 제 상한 마음에 위로를 베풀어 주옵소서. 하루하루를 살아갈 힘과 용기를 주옵소서. 사랑과 자비의 마음으로, 저를 꼭 안아 주옵소서. 주님의 임재를 알게 해주옵소서. 주님의 임재로 저를 치유하여 주옵소서. 제 마음의 공허함을 채워주옵소서. 주님, 저를 일으켜 세우시고, 가라앉지 않도록 지켜주옵소서. 예수님의 이름으로 치유기도 드립니다. 아멘.

"나의 유리함을 주께서 계수하셨사오니 나의 눈물을 주의 병에 담으소서 이것이 주의 책에 기록되지 아니하였나이까" 〈시 56:8, 개역개정〉

슬픔으로 말까지 헛나올 때 드리는 치유기도

온갖 신비를 지니신 하나님,
절대 절망의 현실 속에서, 제 생각이 헛돌고, 놀란 새들처럼 제 말
이 헛나올 때, 저에게 고요함을 가져다주옵소서. 두 손을 모으고,
제 마음의 슬픔을 덮을 수 있도록 해주옵소서. 저에게 은혜를 주
옵소서. 하나님을 조용히 인내하며 받들 수 있도록 해주옵소서.
하나님께서는 제가 아는 것보다도 더 제 가까이 계십니다. 제가
상상하는 것보다도 더 가까이 계십니다. 제가 하나님을 발견할 수
없다면, 그것은 제가 아주 먼 곳에서 찾고 있기 때문입니다. 제가
아픔을 느끼기 전에, 하나님께서는 아파하셨습니다. 무거운 짐이
저를 내리누르기 전에, 하나님께서는 그것을 걷어치우셨습니다.
슬픔으로 제 마음이 암울해지기 전에, 하나님께서는 먼저 슬퍼하
셨습니다. 하나님께서는 어둠의 골짜기에서도 계십니다. 제 선한
목자가 되어주옵소서. 제가 하나님과 동행하는 동안 돌보아주옵
소서. 제가 연약함 가운데 넘어지지 않도록 해주옵소서. 비록 아
픔의 자국이 깊어갈지라도, 늘 하나님께서 바라시는 길을 걷게 해
주옵소서. 저를 이끌어주옵소서. 온갖 위험을 지날 수 있도록 해
주옵소서. 예수 그리스도의 이름으로 치유기도 드립니다. 아멘.

"애통하는 자는 복이 있나니 그들이 위로를 받을 것임이요" 〈마 5:4, 개역
개정〉

시련과 역경이 너무 괴로울 때 드리는 치유기도

주님,
제가 평온함을 위해 기도하거나
괴로운 시련이 끝나기를 기도하지 않고,
오직 주님의 영과 주님의 사랑을 위해 기도합니다.
저에게 힘과 은총을 부어주셔서,
이 역경을 마침내 극복할 수 있게 하옵소서.
마침내 웃게 하옵소서.
마침내 간증하게 하옵소서.
마침내 노래하게 하옵소서.
예수님의 이름으로 치유기도 드립니다. 아멘.

"시험을 참는 자는 복이 있나니 이는 시련을 견디어 낸 자가 주께서 자기를 사랑하는 자들에게 약속하신 생명의 면류관을 얻을 것이기 때문이라" 〈약 1:12, 개역개정〉

실망했을 때 드리는 치유기도

주님,

아무도 실망하는 것을 좋아하지 않습니다. 저도 마찬가지입니다. 저도 좌절이나 실패가 일어나면, 마음이 아픕니다. 너무 아픕니다. 지금이 그 순간입니다. 주님께서 이 시간, 저를 위로하여 주옵소서. 다시 시도할 수 있도록, 다시 일으켜 세워 주옵소서. 그래서 지금 기분이 다소 실망스러울지라도, 제 앞에 멋진 일들이 반드시 기다리고 있음을 일깨워 주옵소서. 성령님, 강하게 더 강하게 일하시옵소서. 주 예수의 이름으로 명하노니, 이 모든 실망은 깨끗이 치유될지어다. 베드로전서 2장 24절 말씀대로, 주님께서 채찍에 맞으실 때, 내 실망은 이미 치유되었음을 믿음으로 선포합니다. 믿음대로 될지어다. 예수님의 이름으로 치유기도 드립니다. 아멘.

"여호와의 말씀이니라 너희를 향한 나의 생각을 내가 아나니 평안이요 재앙이 아니니라 너희에게 미래와 희망을 주는 것이니라" 〈렘 29:11, 개역개정〉

십자가를 묵상하고 싶을 때 드리는 치유기도

주님,

이 치유기도를 통하여, 주님 겪으신 고난의 신비에 더욱더 깊이 들어가도록 초대해 주시니 감사합니다. 이 기간이 저를 위하여 예비해 놓으신 길 위에서, 주님을 따르는 시간이 되게 하옵소서. 저에게 허락된 십자가를 받아들이려는 더욱더 큰 열망으로 타오르게 하옵소서. 내 계산대로 내 길을 고르고, 내 십자가를 내 좋은 대로 고르려는 욕망을 포기하는 시간이 되게 하옵소서. 비오니, 저를 영웅이 아닌, 주님을 사랑하는 종으로 만들어 주옵소서. 예수님의 이름으로 치유기도 드립니다. 아멘.

"이에 예수께서 제자들에게 이르시되 누구든지 나를 따라오려거든 자기를 부인하고 자기 십자가를 지고 나를 따를 것이니라" 〈마 16:24, 개역개정〉

십자가의 희망을 전하고 싶을 때 드리는 치유기도

주님,
모든 것이 끝났습니다. 다 채워졌습니다. 다 이루어졌습니다. 사
랑의 주님, 은혜의 주님, 자비의 주님, 용서의 주님, 주님을 경배합
니다. 주님을 찬양합니다. 진정으로 주님께 감사드립니다. 주님은
고난과 죽음을 통하여, 만물을 새롭게 하십니다. 주님의 십자가는
새로운 희망의 징조처럼, 이 대지 위에 심겨 있었습니다. 주님, 언
제까지나 주님의 십자가 아래 살게 하옵소서. 그리고 십자가의 희
망을 쉼 없이 선포하며 살게 하옵소서. 예수님의 이름으로 치유기
도 드립니다. 아멘.

"그런즉 이스라엘 온 집은 확실히 알지니 너희가 십자가에 못 박은 이 예수
를 하나님이 주와 그리스도가 되게 하셨느니라 하니라" 〈행 2:36, 개역개
정〉

쓴 뿌리에 사로잡힌 판단을 내려놓는 치유기도

주 예수님,

저는 _____(이름)를 향한 판단을 내렸음을 인정합니다. _____(이름)를 원망하고 판단하며, 제 판단을 뒷받침하는 견고한 진을 쌓은 것을 용서해 주옵소서. 저는 _____(이름)를 향한 부정적인 태도, 비판적인 태도, 그리고 원망에서 돌이켜, _____(이름)가 저에게 저지른 잘못, 특히 _____(구체적인 원망을 말해보세요.)을 용서합니다. 주님을 아는 은혜로, _____(이름)의 삶을 축복해 주시기를 간구합니다. (특정한 축복이 생각나면 이렇게 기도할 수 있습니다.) 주님, 저는 주님께서 주신 _____(이름)의 특별한 은사, 곧_____을 떠올리며 축복합니다.

주 예수님, 제 쓰라림의 견고한 진을 주님께 가져갑니다. 저를 깨끗하게 하옵소서. 치유해 주옵소서. 저를 가두었던 모든 속박에서 자유롭게 해주옵소서. 제 삶 속에 작용하는 부정적인 판단의 모든 결과를 뒤집어 주옵소서. 저는 예수 그리스도의 십자가를 저와 이 견고한 진 사이에 놓습니다. 저와 제 판단으로 영향을 받은 모든 사람을 풀어주옵소서. 저를 이 쓰라림의 뿌리에서 풀어주옵소서. 제 몸과 마음과 혼과 영에서 이 쓴 뿌리를 제거해 주옵소서. 예수님의 이름으로, 쓴 뿌리와 연결된 모든 연약한 영들을 묶어 주옵소서.

주 예수님, 제 마음을 지켜주옵소서. 주님의 사랑으로, 저를 지켜 주옵소서. 주님의 평화와 기쁨으로, 그리고 다른 사람들을 사랑할 수 있는 능력으로 저를 채워주옵소서. 주님의 소중한 이름으로 치유기도 드립니다. 아멘.

"너희는 하나님의 은혜에 이르지 못하는 자가 없도록 하고 또 쓴 뿌리가 나서 괴롭게 하여 많은 사람이 이로 말미암아 더럽게 되지 않게 하며" 〈히 12:15, 개역개정〉

아버지 손에 이 몸을 부탁하고 싶을 때 드리는 치유기도

아버지,

이 몸을 아버지 손에 부탁드립니다. 좋으실 대로 하옵소서. 저를 어떻게 하시든지 감사드릴 뿐, 저는 무엇에나 준비되어 있습니다. 무엇이나 받아들이겠습니다. 아버지 뜻이 저와 피조물 위에 이루어지게 하옵소서. 제 영혼을 아버지 손에 맡깁니다. 주님, 제가 주님을 사랑하기에, 이 마음, 사랑을 다하여, 제 영혼, 주님께 바칩니다. 끝까지 주님을 믿습니다. 남김없이 이 몸을 드립니다. 아버지 손에 맡기는 것이, 어쩔 수 없는 제 사랑입니다. 주님은 제 아버지이십니다. 예수님의 이름으로 치유기도 드립니다. 아멘.

"예수께서 큰 소리로 불러 이르시되 아버지 내 영혼을 아버지 손에 부탁하나이다 하고 이 말씀을 하신 후 숨지시니라" 〈눅 23:46, 개역개정〉

아침에 일어났을 때 드리는 때 드리는 치유기도

하나님,

이 아침에 제 입술을 열어 주옵소서. 그러면 제 입술이 아침부터 주님을 찬양할 것입니다. 영원하신 하나님, 그리스도의 십자가 희생을 통하여 베풀어 주신 하나님의 위대한 사랑과, 제가 그분의 부활로써 얻은 새 생명을 생각하며 찬양을 드립니다. 특별히 제가 감사드리는 것은, 제 연약함과 고난 속에 그리스도께서 현존하심과, 돌보아주고 치유해 주는 이들 모두와, 제 유익을 위해 치러진 희생들과, 제가 너그럽게 베풀 수 있도록 기회를 주신 일에 대해서입니다.

은혜로우신 하나님, 제가 다른 사람에게 관심을 보일 때, 제 기도 속에서뿐만 아니라, 제 실천 속에서도, 그리스도께서 자신을 내어주셨던 사랑을, 순간순간 드러낼 수 있도록 해주옵소서. 특별히 기도드리는 것은, 몸과 마음의 상처로 입원한 이들과, 오늘 함께 해야 할 모든 사람과, 저의 도움과 저의 용서와 저의 화해를 필요로 하는 이들에 대해서입니다. 저희 모두를 오늘도 주님의 날개 아래 품어주옵소서. 예수 그리스도의 이름으로 치유기도 드립니다. 아멘.

"주의 이름을 찬양하고 아침마다 주의 인자하심을 알리며 밤마다 주의 성실하심을 베풂이 좋으니이다" 〈시 92:2-3, 개역개정〉

아픈 사연을 듣고도 눈감아버린 죄를 고백하는 치유기도

주님,

목소리로 찬양을 드리면서도, 심령의 기쁨을 누리지 못했습니다. 눈으로 볼 수 있는 것만 하나님께 구했을 뿐, 보이지 않는 것, 영원한 것, 하늘에 속한 것은 구하지 않았습니다. 하나님의 은혜를 당연한 것으로 여겨서, 무엇이든 구하는 것은 하나님이 당장 응답해 주시기만 원했습니다. 저를 돌보시는 하나님을 외면한 채, 오히려 제가 하나님을 섬긴다고 생각했습니다. 소외된 사람들에 대한 이야기를 많이 하면서도, 그들을 제 영혼의 문밖에 버려두었습니다. 교회 안의 친구들에게는 다정하면서, 교회 밖의 사람들에게는 마음의 문을 닫았습니다. 이런저런 아픈 사연을 들으면서도, 동정을 베푸는 데만 만족했습니다. 하나님께나 이웃에게나 말하려고만 했지, 들으려고는 하지 않았습니다. 자비로우신 주님, 저를 용서해 주옵소서. 예수님의 이름으로 치유기도 드립니다. 아멘.

"그런즉 우리가 무슨 말을 하리요 은혜를 더하게 하려고 죄에 거하겠느냐 그럴 수 없느니라 죄에 대하여 죽은 우리가 어찌 그 가운데 더 살리요" 〈롬 6:1-2, 개역개정〉

아픈 이들에게서 아프신 예수를 보게 해달라는 치유기도

가장 귀하신 주님,
오늘 아픈 이들에게서 주님을 보게 하옵소서. 이분들을 돌봄으로, 주님을 섬기게 하옵소서. 짜증 나게 하는 사람들, 힘들게 하는 사람들, 몰상식한 사람들처럼, 주님이 매력 없는 모습으로 가장하고 오시더라도, 제가 주님을 알아보고, "아프신 예수여, 주님을 섬기는 것이 얼마나 좋은지요!"라고 고백하게 하옵소서.

주님, 이렇듯 믿음의 눈을 주옵소서. 그러면 저는 무뎌지지 않을 것입니다. 고통받는 이들의 바램을 들어주며, 그 바램을 위하여 일하는 것을 늘 즐거워할 수 있을 것입니다. 오 사랑하는 환자여, 그리스도의 몸을 보여 주니, 그대가 얼마나 귀한 분인지요! 그대를 섬기도록 허락된 것이 얼마나 큰 특권인지요!

주님! 맡겨주신 이 소명과 책임이 얼마나 귀한지요. 냉정하고, 불친절하고, 참지 못함으로, 이 소명을 욕되게 하지 않게 하옵소서. 제 환자가 제 돌봄을 받을 때, 저 환자분이 제 결점을 참아 주시고, 고통받는 이들을 통하여 주님을 사랑하고 섬기려는, 제 일념만 보게 하옵소서. 제 믿음이 자라게 하옵소서. 제 노력과 일에 복을 주옵소서. 예수님의 이름으로 치유기도 드립니다. 아멘.

"내가 네 사업과 사랑과 믿음과 섬김과 인내를 아노니 네 나중 행위가 처음 것보다 많도다" 〈계 2:19, 개역개정〉

악령이 역사하지 못하도록 묶는 치유기도

주님,

이 시간 예수님의 이름으로 명령합니다. 예수님의 십자가와 그 피의 힘으로, 악한 세력들은 모두 다 묶일지어다! 내 기도를 막는 악한 세력들아, 다 물러갈지어다! 지구, 공기, 물, 불, 지옥, 그리고 자연 속 사탄의 세력들도 다 묶일지어다! 나에게 보낸 저주나 육욕이나 주문을 다 깨트리노라! 그것들을 다 무효로 선언하노라. 저에게 불리하게 보내진 모든 악마들의 임무를 깨트리고, 예수님께 보냅니다. 주님, 주님의 뜻대로 처리하여 주옵소서. 성령을 보내시어, 제 적들을 회개와 개종으로 인도하옵소서. 오히려 그들에게 복을 주옵소서. 나아가, 저는 악한 사탄 마귀 귀신들의 세계에서, 모든 상호작용과 의사소통을 구속합니다. 주님, 그것이 저와 제 치유교역에 영향을 미치지 못하게 하옵소서. 주 예수 그리스도의 피가 _____ 위에 흘러내리는 것을 보호해 주옵소서. 주님, 주님의 보호하심에 감사드립니다. 주님의 천사들, 특히 보호하는 천사를 보내 주옵소서. 영적 전투에서 천사가 저희를 돕게 하옵소서. 주님, 제가 기도할 때, 저를 인도하여 주옵소서. 성령님의 능력과 자비를 저에게 나누어 주옵소서. 예수님의 이름으로 치유기도 드립니다. 아멘.

"우리의 씨름은 혈과 육을 상대하는 것이 아니요 통치자들과 권세들과 이 어둠의 세상 주관자들과 하늘에 있는 악의 영들을 상대함이라" 〈엡 6:11, 개역개정〉

악한 영들의 임무를 완전히 깨트려버리는 치유기도

주님,
이 시간, 예배를 방해하는 악한 영들에게 명령합니다. 예수 그리스도의 이름으로, 그분이 지신 십자가와 흘리신 피의 권능으로, 너희 모든 악한 영들의 권세는 완전히 묶일지어다. 이 시간 악한 영들에게 명령하노니, 내 기도를 막지 말고 떠나갈지어다! 주 예수 그리스도의 이름으로 선포하노니, 나에게 가해진 모든 저주와 육욕과 주문은 완전히 깨뜨려졌노라. 질병과 가난과 위기도 완전히 깨뜨려졌노라. 고통과 죽음과 지옥도 완전히 깨뜨려졌노라. 불면과 통증과 의심도 완전히 깨뜨려졌노라. 불화와 불평과 불만도 완전히 깨뜨려졌노라. 막막함과 두려움과 섭섭함도 완전히 깨뜨려졌노라. 우울과 슬픔과 소외도 완전히 깨뜨려졌노라. 외로움과 그리움과 괴로움도 완전히 깨뜨려졌노라. 그런 악한 것들은 이제 전혀 힘을 못 쓰게 되었노라. 살아 계신 예수님의 이름으로 명령하노니, 나에게 가해진 악한 영들의 모든 임무는 헛수고가 될지어다! 악한 영들아, 예수님께 돌아갈지어다! 악한 영들의 세계에서 오가는 모든 상호작용아, 단단히 묶일지어다! 그런 하찮은 것이 나와 내 기도에 영향을 미치지 못할지어다!

주님, 저와 제 가족, 이 교회, 이 나라, 그리고 제가 소중히 여기는 모든 것들을 예수 그리스도의 흘리신 피로 보호하여 주옵소서. 주님, 제 원수 된 이들을 축복하오니, 그들에게 지금 성령을 보내시어, 회개와 회심으로 이끌어주옵소서. 주님, 주님의 거룩한 천사들을 보내시어, 이 영적 전투에서 저를 돕게 하옵소서. 주님, 제가 기도드릴 때, 저를 인도하여 주옵소서. 주님의 성령께서 행하시는 능력과 긍휼을 저에게도 나누어 주옵소서. 우리 주 예수 그리스도의 이름으로 치유기도 드립니다. 아멘.

"그런즉 너희는 하나님께 복종할지어다 마귀를 대적하라 그리하면 너희를 피하리라" 〈약 4:7, 개역개정〉

암 치유를 위하여 용서하기로 결단하는 치유기도

예수님,
십자가 죽으심으로 저를 용서하시니 감사합니다. 이제 저에게 상처를 주었거나, 기분을 상하게 했던, 모든 사람을 마음으로부터 용서합니다. 제 판단에서 풀어놓습니다. _____가 저에게 _____한 것을 용서합니다. (아주 어렸을 때부터 나에게 상처 준 사람들과 그 상처 내용을 한 명씩 이름을 불러가며 아뢴다.)

주 예수님, 예수님께 제가 _____했던 죄를 고백하오니, 용서해 주옵소서. 예수님의 피로 저를 씻어 주옵소서. (아주 어렸을 때부터 저지른 죄의 내용을 하나씩 아뢴다.) 주님, 제가 상처를 입히거나, 기분을 상하게 한 사람에게, 용서를 구할 수 있도록 도와주옵소서. 주님의 사랑으로, 이 일을 하고, 그들을 축복할 수 있도록 도와주옵소서. 주님, 제 인생에서 주님을 나쁘게 비난했던 것들을 용서해 주옵소서. 잘못된 것이었고 죄송합니다.

주님, 저를 용서해 주셔서 감사합니다. 저는 이제 제 자신을 탓한 모든 것에 대해, 제 자신을 용서하기로 선택합니다. 부디 주님이 저를 위해 원하시는 풀어놓음과 자유로움으로, 제가 나아올 수 있도록 도와주옵소서. 예수님의 이름으로 치유기도 드립니다. 아멘.

"만일 우리가 우리 죄를 자백하면 그는 미쁘시고 의로우사 우리 죄를 사하시며 우리를 모든 불의에서 깨끗하게 하실 것이요"〈요일 1:9, 개역개정〉

어떤 위험에 처했을 때 드리는 치유기도

우리 주 하나님,
제가 하나님께 간구합니다.
제가 어떤 위험에 처하더라도,
하나님의 이름을 부를 수 있게 하옵소서.
높은 곳으로부터 구원을 받을 때도,
하나님을 향한 찬미를 그치지 않게 하옵소서.
예수 그리스도의 이름으로 치유기도 드립니다. 아멘.

"내게 귀를 기울여 속히 건지시고 내게 견고한 바위와 구원하는 산성이 되
소서" 〈시 31:2, 개역개정〉

어떻게 살 것인지가 불확실할 때 드리는 치유기도

나의 하나님,

하나님은 옛적부터 계셨으나, 늘 새로운 분이십니다. 하나님은 홀로 영원한 양식입니다. 저는 잠시 동안만이 아니라, 영원히 살기를 원합니다. 저는 제 존재를 다스릴 수 없습니다. 제가 악한 생각으로 제 자신을 멸하고 싶어도 그리할 수 없습니다. 저는 영원히 지성과 의식을 지니고 살아가야 합니다. 하지만 하나님 없는 영원은 영원한 불행일 수밖에 없습니다. 저는 오직 하나님 안에서만 제 자신을 지탱할 수 있습니다. 하나님은 홀로 영원한 제 양식이십니다. 하나님은 홀로 지극히 풍성하시며, 언제나 저에게 새로운 지식과 사랑의 대상을 영원히 제공하십니다. 저는 하나님의 거룩하신 본질을 기본 원리부터 배우기 시작하는 어린아이입니다. 대저 하나님은 모든 선(善)의 소재지요 중심이십니다. 하나님은 이 덧없는 세상에서 유일한 실체이십니다. 복된 영들이 즐거이 거하는 하늘나라이십니다. 감사드리며, 예수님의 이름으로 치유기도 드립니다. 아멘.

"사람이 마음으로 자기의 길을 계획할지라도 그의 걸음을 인도하시는 이는 여호와시니라"〈잠 16:9, 개역개정〉

어떻게 해야 할지 매우 고민이 될 때 드리는 치유기도

하나님,
바다는 너무나 넓은데,
제 배는 너무도 작습니다.
저에게 선을 베풀어 주옵소서.
예수님의 이름으로 치유기도 드립니다. 아멘.

"이에 말씀하시되 내 마음이 매우 고민하여 죽게 되었으니 너희는 여기 머물러 나와 함께 깨어 있으라 하시고 조금 나아가사 얼굴을 땅에 대시고 엎드려 기도하여 이르시되 내 아버지여 만일 할 만하시거든 이 잔을 내게서 지나가게 하옵소서 그러나 나의 원대로 마시옵고 아버지의 원대로 하옵소서 하시고"
〈마 26:38-39, 개역개정〉

여전히 옛날의 집 엠마오에 머물러 있는
내 죄를 고백하는 치유기도

늘 증거를 보이시는 주님,
부활하신 예수님께서 저에게 직접 못 자국과 창 자국을 보이시며,
그 몸을 만지게 하시고, 부활의 증거를 보이셨습니다. 또한 주님
께서 보내 주신 성령이 부활의 기쁜 현실을 알게 하십니다. 실로
생명의 역사가 놀랍기만 합니다. 그런데도 주님, 저는 이 부활의
역사에 눈을 감고 마음을 닫았습니다. 제 생각과 삶이 옛날의 집
엠마오에 있습니다. 주님이 오셔서 몸을 보이시는데도 만져보려
고 하지 않습니다. 부활의 새날을 열라고 하시는데도 저는 십자
가의 고난에 머물러 있습니다. 그래서 제 몸과 삶에 달라진 흔적
이 없습니다. 하나님의 은총과 생명이 없습니다. 불쌍히 여겨 주
옵소서. 불쌍히 여겨 주옵소서. 예수님의 이름으로 치유기도 드립
니다. 아멘.

"그러므로 너희 죄를 서로 고백하며 병이 낫기를 위하여 서로 기도하라 의
인의 간구는 역사하는 힘이 큼이니라" 〈약 5:16, 개역개정〉

여호와께 돌아오기 위하여 용서를 선언하는 치유기도

주님,
복음의 기쁜 소식을 듣게 하시니 감사합니다. 역대하 30장 9절에 말씀하셨지요? "너희가 만일 여호와께 돌아오면, 너희 형제들과 너희 자녀가 사로잡은 자들에게서 자비를 입어 다시 이 땅으로 돌아오리라. 너희 하나님 여호와는 은혜로우시고 자비하신지라. 너희가 그에게로 돌아오면, 그의 얼굴을 너희에게서 돌이키지 아니하시리라 하였더라." 이 말씀에 의지하여, 제 죄가 용서받았음을 선언합니다. 예수님의 이름으로 치유기도 드립니다. 아멘.

"너희가 만일 여호와께 돌아오면 너희 형제들과 너희 자녀가 사로잡은 자들에게서 자비를 입어 다시 이 땅으로 돌아오리라 너희 하나님 여호와는 은혜로우시고 자비하신지라 너희가 그에게로 돌아오면 그의 얼굴을 너희에게서 돌이키지 아니하시리라 하였더라" 〈대하 30:9, 개역개정〉

염려, 근심, 걱정 치유기도

제 모든 형편을 아시는 주님,

내일을 향한 염려, 근심, 걱정의 실타래와 마음의 무거운 짐을 주님 앞에 내려놓습니다. 어두운 그림자가 드리운 듯, 끝없는 염려 속에 갇혀버린 제 마음을 받아주옵소서. 주님, 폭풍우 치는 제 마음을 고요한 호수처럼 잠잠케 하시고, 근심이라는 바람이 더 이상 흔들지 못하게 하옵소서. 하늘의 새 한 마리를 기르시고 들판의 백합 한 송이를 입히시는 주님께서, 어찌 제 삶을 돌보지 않으시겠나이까? 이제 두 손에 쥐고 있던 모든 걱정을 주님의 따스한 품에 맡겨드립니다. 염려 대신 평화를, 근심 대신 소망을, 걱정 대신 믿음을 채워주옵소서. 세상의 어떤 것도 빼앗아 갈 수 없는 주님의 평화 안에서, 자유로운 영혼으로 살아가게 하실 것을 믿으며, 예수 그리스도의 이름으로 치유기도 드립니다. 아멘.

"너희 염려를 다 주께 맡기라 이는 그가 너희를 돌보심이라" 〈벧전 5:7, 개역개정〉

염려될 때 드리는 치유기도

하늘에 계신 우리 아버지,
제 마음을 두려움과 염려로부터
자유롭게 해주시니 감사합니다.
제가 염려하는 습관을
떨쳐버릴 수 있도록 힘을 주옵소서.
두려워하지 않도록 도와주시고,
공포와 맞서 싸워 물리치도록 하옵소서.
주님께서 항상 저와 함께 계심을 믿습니다.
예수 그리스도의 이름으로 치유기도 드립니다. 아멘.

"너희 염려를 다 주께 맡기라 이는 그가 너희를 돌보심이라"〈벧전 5:7, 개
역개정〉

영생을 얻기 위하여 용서를 선언하는 치유기도

주님,
복음의 기쁜 소식을 듣게 하시니 감사합니다.
요한복음 3장 16절에 말씀하셨지요?
"하나님이 세상을 이처럼 사랑하사
독생자를 주셨으니,
이는 그를 믿는 자마다 멸망하지 않고
영생을 얻게 하려 하심이라."
이 말씀에 의지하여,
제 죄가 용서받았음을 선언합니다.
예수님의 이름으로 치유기도 드립니다. 아멘.

"하나님이 세상을 이처럼 사랑하사 독생자를 주셨으니 이는 그를 믿는 자마다 멸망하지 않고 영생을 얻게 하려 하심이라" 〈요 3:16, 개역개정〉

영성이 메말라 간다고 느낄 때 드리는 치유기도

하나님,
지난 시간, 공연히 바쁘기만 했습니다. 복잡하기만 했습니다. 바쁘다는 것이 무슨 의미가 있겠습니까? 복잡하다는 것이 무슨 가치가 있겠습니까? 하나님, 산다는 것이 무엇입니까? 대체 만나고 헤어지는 것이 무슨 의미가 있습니까? 하나님을 떠난 순간순간이 모호하고 허망한 것임을 알게 해주옵소서. 하나님, 하나님께서는 하나님의 피조물을 친절하게 다스리시며, 가장 처참할 정도로 비참함 가운데서도 신선한 희망을 제공해 주십니다. 절망으로 영혼이 어두워진 저를 위하여 비오니, 사랑 그윽하신 그 순전한 빛으로 저를 북돋워 주옵소서. 하나님, 제가 제 자신의 태어난 날을 저주하고 세상에서 잊혀지기를 갈망할 때, 저에게 새로 태어나는 기적을 드러내시어, 제가 하늘의 기쁨을 준비하게 해주옵소서. 어두운 가슴마다 빛을 주시고, 낙심한 영혼 위에 힘을 주옵소서. 하나님, 하나님과 함께 울고, 하나님과 함께 웃는 영적인 삶 속에서, 진정 인생의 참된 의미와 목표를 발견하게 해주옵소서. 예수님의 이름으로 치유기도 드립니다. 아멘.

"예수께서 대답하여 이르시되 이 물을 마시는 자마다 다시 목마르려니와 내가 주는 물을 마시는 자는 영원히 목마르지 아니하리니 내가 주는 물은 그 속에서 영생하도록 솟아나는 샘물이 되리라" 〈요 4:13-14, 개역개정〉

영적 분별을 위한 치유기도

주님,
눈 감으면 사랑한다 하시고,
눈을 뜨면 사랑하라 하시니,
감사합니다.
영적 분별을 통하여,
이제는 더욱 지혜롭게 살게 하옵소서.
예수님의 이름으로 치유기도 드립니다.

"너희는 이 세대를 본받지 말고 오직 마음을 새롭게 함으로 변화를 받아 하나님의 선하시고 기뻐하시고 온전하신 뜻이 무엇인지 분별하도록 하라"
〈롬 12:2, 개역개정〉

영적인 갈증을 느낄 때 드리는 치유기도

주님,

제가 깊은 구렁 속에서 주님을 불렀습니다. 주님, 제 소리를 들어 주옵소서. 제 애원하는 소리에 귀를 기울여 주옵소서. 주님, 주님께서 죄를 지켜보고 계시면, 주님 앞에 누가 감히 버티어 설 수 있겠습니까? 용서는 주님만이 하실 수 있는 것이므로, 제가 주님만을 경외합니다. 제가 주님을 기다립니다. 제 영혼이 주님을 기다리며, 제가 주님의 말씀만을 바랍니다. 제 영혼이 주님을 기다림이 파수꾼이 아침을 기다림보다 더 간절합니다. 파수꾼이 아침을 기다림보다 더 간절합니다. 주님, 주님만을 의지합니다. 주님께만 인자하심이 있고, 속량하시는 큰 능력도 주님께만 있습니다. 오직 주님만이 저를 모든 죄에서 속량하시고, 깨끗하게 낫게 해주실 것입니다. 감사의 두 손 모아, 예수님의 이름으로 치유기도 드립니다. 아멘.

"파수꾼이 아침을 기다림보다 내 영혼이 주를 더 기다리나니 참으로 파수꾼이 아침을 기다림보다 더하도다" 〈시 130:6, 개역개정〉

예수님이 가르쳐 주신 치유기도(새 번역)

하늘에 계신 우리 아버지,
아버지의 이름을 거룩하게 하시며, 아버지의 나라가 오게 하시며,
아버지의 뜻이 하늘에서와 같이 땅에서도 이루어지게 하소서. 오늘 우리에게 일용할 양식을 주시고, 우리가 우리에게 잘못한 사람을 용서하여 준 것 같이 우리 죄를 용서하여 주시고, 우리를 시험에 빠지지 않게 하시고, 악에서 구하소서. 나라와 권능과 영광이 영원히 아버지의 것입니다. 예수님의 이름으로 치유기도 드립니다. 아멘.

"그러므로 너희는 이렇게 기도하라 하늘에 계신 우리 아버지여 이름이 거룩히 여김을 받으시오며 나라가 임하시오며 뜻이 하늘에서 이루어진 것 같이 땅에서도 이루어지이다 오늘 우리에게 일용할 양식을 주시옵고 우리가 우리에게 죄 지은 자를 사하여 준 것 같이 우리 죄를 사하여 주시옵고 우리를 시험에 들게 하지 마시옵고 다만 악에서 구하시옵소서 (나라와 권세와 영광이 아버지께 영원히 있사옵나이다 아멘)" 〈마 6:9-13, 개역개정〉

예수님이 가르쳐 주신 치유기도(옛 번역)

하늘에 계신 우리 아버지여,

이름이 거룩히 여김을 받으시오며, 나라이 임하옵시며, 뜻이 하늘에서 이룬 것 같이 땅에서도 이루어지이다. 오늘날 우리에게 일용한 양식을 주옵시고, 우리가 우리에게 죄지은 자를 사하여 준 것 같이 우리 죄를 사하여 주옵시고, 우리를 시험에 들게 하지 마옵시고, 다만 악에서 구하옵소서. 대개 나라와 권세와 영광이 아버지께 영원히 있사옵나이다. 예수님의 이름으로 치유기도 드립니다. 아멘.

"예수께서 한 곳에서 기도하시고 마치시매 제자 중 하나가 여짜오되 주여 요한이 자기 제자들에게 기도를 가르친 것과 같이 우리에게도 가르쳐 주옵소서" 〈눅 11:1, 개역개정〉

오늘의 행복을 내일로 미루지 않기로 결단하는 치유기도

주님,
제가 착각했습니다. 공부만 마치고 나면 난 행복해질 것이라고. 주님, 제가 착각했습니다. 진급만 하고 나면 난 행복해질 것이라고. 주님, 제가 착각했습니다. 애들만 다 키우고 나면 난 행복해질 것이라고. 주님, 제가 착각했습니다. 돈만 벌어놓고 나면 난 행복해질 것이라고. 주님, 제가 착각했습니다. 집만 장만하고 나면 난 행복해질 것이라고. 주님, 제가 착각했습니다. 은퇴만 하고 나면 난 행복해질 것이라고. 주님, 제가 착각했습니다. 완치만 되고 나면 난 행복해질 것이라고.

주님, 그러다 제가 놓쳤습니다. 오늘 행복하지 않으면 내일도 행복할 수 없다는 것을. 주님, 전도서 5장 20절 말씀처럼, 주님께서는 제가 행복하게 살기만 바라셨는데, 인생을 너무 심각하게 생각했습니다. 그러다 행복을 다 놓쳐 버렸습니다. 주님, 이제부터라도 제 인생의 궤도를 행복에 맞추게 하옵소서. 태초에 주님이 주고자 하셨던 천국의 행복을 되찾고 누리고 전하게 하옵소서. 그것이 제 삶의 남은 소명이 되게 하옵소서.

주님, 이제부터라도 분명히 노래하게 하옵소서. 하나님 소원은 행복, 예수님 소원도 행복, 성령님 소원도 행복, 제가 행복하게 사는 것이 그분들의 소원이라는 것을. 주님, 이제부터라도 분명히 알게 하옵소서. 전도서 5장 18절 말씀처럼, 주님께서 주신 제 생애 동안, 오늘 먹고, 오늘 마시며, 제가 하는 일에서 오늘 보람을 느끼는 것이 행복이요, 적절한 일이요, 그것이 제 인생의 몫임을 알게 하옵소서.

주님, 그래서 신명기 10장 13절 말씀처럼, 주님께서 오늘, 내일이 아닌 오늘, 제 행복을 위하여 저에게 명하시는, 행복하라, 행복하라, 현복이는 오늘 행복하라, 주님의 명령과 규례를 지키게 하옵소서. 주님, 부디 비오니, 아프다고 오늘의 행복을 놓치지 않게 하옵소서. 슬프다고 오늘의 행복을 차버리지 않게 하옵소서. 이 모든 말씀, 제가 오늘 행복하기만 바라시는, 예수님의 이름으로 치유기도 드립니다.

"내가 오늘 네 행복을 위하여 네게 명하는 여호와의 명령과 규례를 지킬 것이 아니냐" 〈신 10:13, 개역개정〉

온갖 폭풍우에 흔들릴 때 드리는 치유기도

우리 주 하나님,
제가 올바른 축복을 제대로 간구할 수 있게 가르쳐 주옵소서. 제 생명선을 하나님께로 인도하옵소서. 온갖 폭풍우에 흔들리는 제 영혼을 잔잔한 안식처로 인도하옵소서. 제가 가야 할 길을 밝히 보여 주옵소서. 불안에 잠 못 이루는 제 영혼을 새롭게 하여 주옵소서. 하나님의 성령께서 제멋대로인 제 마음에 재갈을 물려 주옵소서. 진정 선한 일들을 행할 수 있도록 저를 고요히 더 고요히 인도하옵소서. 제가 하나님의 말씀을 지키게 하옵소서. 무슨 일을 하든지, 언제나 영광스럽고 기쁨 주시는 하나님과 함께 일할 수 있도록 도와주옵소서. 하나님의 종인 제가 드리는 이 영광과 찬미는 영원무궁토록 하나님의 것입니다. 예수님의 이름으로 치유기도 드립니다. 아멘.

"예수께서는 고물에서 베개를 베고 주무시더니 제자들이 깨우며 이르되 선생님이여 우리가 죽게 된 것을 돌보지 아니하시나이까 하니 예수께서 깨어 바람을 꾸짖으시며 바다더러 이르시되 잠잠하라 고요하라 하시니 바람이 그치고 아주 잔잔하여지더라" 〈막 4:38-39, 개역개정〉

완벽주의 치유기도

주님,

이 시간, 완벽주의이라는 굴레에 갇힌 저를 불쌍히 여겨 주옵소서. 저 자신을 향한 끝없는 채찍질! 결코 만족할 수 없는 기준! 이 감옥에 갇힌 저를 불쌍히 여겨 주옵소서. 주님의 은혜로, 이 영혼을 자유케 하옵소서. 예수 그리스도의 이름으로 명하노니, 완벽주의의 영은 내 영혼에게서 떠나갈지어다! 두려움과 불안으로 생겨난 모든 묶임은 끊어질지어다! 주님의 사랑이 흐르는 곳마다, 내 자신의 불완전함을 용납하고 받아들이는 새로운 마음이 솟아날지어다! 오직 주님만이 완전하십니다. 주님 안에서는 모든 것이 아름답습니다. 이것을 깨닫게 하옵소서. 넘어져도 괜찮고, 실패해도 다시 일어설 수 있는, 진정한 평안과 용기를 허락하옵소서. 이제는 세상의 기준이 아닌, 주님의 은혜와 사랑 안에서 자유하게 하옵소서. 불완전함 속에서도, 빛나는 주님의 영광을 드러내게 하옵소서. 살아 계신 예수 그리스도의 이름으로 치유기도 드립니다. 아멘.

"그리스도께서 우리를 자유롭게 하려고 자유를 주셨으니 그러므로 굳건하게 서서 다시는 종의 멍에를 메지 말라"〈갈 5:1, 개역개정〉

완벽주의에서 빠져나오고 싶을 때 드리는 치유기도

주님,
저를 너무 행복하게 만들지 마옵소서.
행복을 하나님과 바꾸지 않도록
적당한 불행을 주옵소서.
주님, 저를 너무 풍요롭게 만들지 마옵소서.
물질 때문에 정신이 부패하지 않도록
적당한 가난을 주옵소서.
주님, 저를 너무 권세 있는 이로 만들지 마옵소서.
하나님을 두려워하는 이가 되도록
적당한 좌절을 주옵소서.
주님, 저를 너무 건강하게 만들지 마옵소서.
축복인 줄 모르고 퇴폐에 몸을 던지지 않도록
적당한 약함을 주옵소서.
비오니, 스스로 완벽하게 살기보다,
주님 뜻 안에서 고난도 달게 받게 해주옵소서.
그래서 행복하거나 불행하거나, 건강하거나 병들거나,
늘 주님만 바라보게 해주옵소서.
언제나 주님만을 섬기게 해주옵소서.
예수님의 이름으로 치유기도 드립니다. 아멘.

"그러므로 예수께서 자기를 믿은 유대인들에게 이르시되 너희가 내 말에
거하면 참으로 내 제자가 되고 진리를 알지니 진리가 너희를 자유롭게 하리
라" 〈요 8:31-32, 개역개정〉

외로울 때 드리는 치유기도

좋으신 예수님,
아버지 없는 이들의 아버지가 되시며,
외로운 이들의 하나님이 되어주시는 분이여!
외로움을 통하여,
주님과 함께,
홀로 있을 수 있는 법을 가르쳐 주옵소서.
좋으신 예수님,
은밀한 마음을 향하여 말씀하시는 분이여!
외로움이 제 영혼 안에서,
주님의 현존이 되게 하옵소서.
예수 그리스도의 이름으로 치유기도 드립니다. 아멘.

"내가 너희를 고아와 같이 버려두지 아니하고 너희에게로 오리라" 〈요
14:18, 개역개정〉

외로움 치유기도

내 영혼의 친구이신 주님,
홀로 있는 밤의 차가운 공기와, 깊은 골짜기에 메아리치는 외로움
의 소리를 주님께 드립니다. 사람들의 온기 속에서도 느껴지는 이
쓸쓸함은, 결국 주님을 향한 그리움이었음을 이제야 고백합니다.
제 마음의 빈자리를 굽어보옵소서. 주님, 저를 주님의 따스한 품
에 안아주옵소서. 세상의 모든 친구가 떠나갈지라도, 언제나 저와
동행하시는 주님의 발자국 소리를 듣게 하옵소서. 주님의 눈동자
속에서, 제 존재가 얼마나 귀한지를 깨닫게 하옵소서. 저를 위해
준비된 사랑의 자리를 보게 하옵소서. 외로움이라는 어둠이 드리
울 때마다, 주님의 평화가 빛이 되어 저를 감싸게 하옵소서. 메마
른 영혼에 주님의 사랑을 강물처럼 부어주옵소서. 이제 외로움을
두려워하지 않게 하옵소서. 주님과 함께 걷는 고독의 시간을 기쁨
으로 채워가게 하옵소서. 이 외로운 밤, 저에게 다가오셔서, 너는
내 친구라고 말씀해 주시는, 예수 그리스도의 이름으로 치유기도
드립니다. 아멘.

"너희는 내가 명하는 대로 행하면 곧 나의 친구라"〈요 15:14, 개역개정〉

욕망을 제어하고 싶을 때 드리는 치유기도

주님,
제 마음은 아직도 너무나 분열되어 있습니다. 한편으로는 주님을
진실하게 따르려 하면서도, 다른 한편으로는 제 자신의 욕망을 뒤
좇으려 합니다. 특혜와 성공, 사람들의 박수갈채와 존경, 쾌락과
중독, 권세와 영향력을 이야기하는 음성에 귀가 솔깃합니다. 비오
니, 도와주옵소서. 아닌 것은 분명코 아니라 선언하고, 그런 음성
에는 귀를 막게 하옵소서. 그리고 생명의 좁은 길을 택하라고 하
시는 주님의 음성만 더욱더 귀담아듣게 하옵소서. 예수님의 이름
으로 치유기도 드립니다. 아멘.

"여러분의 남은 생애를 악한 욕망으로 허비하지 말고 하나님의 뜻에 따라
살도록 애쓰십시오." 〈벧전 4:2, 현대어〉

용서하지 못하는 사람을 위하여 드리는 치유기도

예수님,
예수님께서 저희를 바라보시는 것처럼,
저 분노에 찬 형제/자매 ○○가
그리스도의 눈으로,
자신에게 상처 준 사람을
바라볼 수 있도록 도와주옵소서.
또한 예수님께서
저희 죄를 용서하시기 위하여
베풀어 주신 그 사랑을 가지고,
그 사람을 사랑할 수 있도록 도와주옵소서.
예수 그리스도의 이름으로 치유기도 드립니다. 아멘.

"누가 누구에게 불만이 있거든 서로 용납하여 피차 용서하되 주께서 너희를
용서하신 것 같이 너희도 그리하고 이 모든 것 위에 사랑을 더하라 이는 온
전하게 매는 띠니라" 〈골 3:13-14, 개역개정〉

우울의 폭풍이 강타할 때 드리는 치유기도

주님,

삶의 숨결이 소진되어 버린 것 같습니다. 몸은 천근만근, 마음은 근심걱정, 살맛도 없고, 기력도 없습니다. 두려움도 가라앉힐 수가 없고, 팔다리도 마비된 것 같습니다. 암울한 생각만이 머릿속을 헤집고 다니며, 그것들을 물리칠 힘마저 떨어져 버렸습니다. 귀리 나무가 바람에 일격을 당했다 한들, 지금 우울의 폭풍이 제 영혼을 강타한 것과 같겠습니까? 배가 파도에 세차게 흔들거렸다 한들, 지금 제 영혼이 비참함으로 요동치는 것과 같겠습니까? 집의 기초가 무너졌다 한들, 지금 제 삶이 잿가루처럼 바스러지는 것과 같겠습니까? 친구들의 발길이 뚝 끊어진 지 오래입니다. 주님께서는 제 영적 형제들마저 멀리 흩트려 버리셨습니다. 지금 저는 주님의 교회로부터도 버림받은 몸입니다. 더 이상 꽃들은 저를 위해 피지 않습니다. 더 이상 나무들은 저를 위해 낙엽 지지 않습니다. 더 이상 새들은 제 창문에서 노래하지 않습니다. 동료 그리스도인들은 저를 어리석은 죄인이라 경멸합니다. 주님, 제 영혼을 드높여 주옵소서. 제 몸을 소생시켜 주옵소서. 예수 그리스도의 이름으로 치유기도 드립니다. 아멘.

"상심한 자들을 고치시며 그들의 상처를 싸매시는도다" 〈시 147:3, 개역개정〉

우울증 치유기도

소망의 빛이신 하나님,

제 영혼의 깊은 곳에 드리운 우울의 먹구름을 주님께 올려드립니다. 세상의 빛이 희미해지고, 마음의 노래가 멈춰버린 이 시간, 주님의 따뜻한 손길로 저를 어루만져 주옵소서. 주님은 제 피난처가 되시고, 제 상한 심령을 고치시는 위대한 치유자이심을 믿습니다. 주님께서 저를 사랑하사 친히 오셔서, 제 모든 슬픔과 절망을 십자가에 못 박아 주셨습니다. 내 안에 있는 모든 어둠의 권세는 예수 그리스도의 이름으로 완전히 사라질지어다. 주님께서 주시는 평안과 기쁨, 그리고 소망의 씨앗이 내 마음에 심겨져, 새로운 생명으로 싹트게 될지어다. 다시금 주님의 사랑을 노래하며, 주님의 영광을 선포하는 삶을 살게 될지어다. 저를 온전히 회복시키실 주님을 찬양합니다. 예수 그리스도의 이름으로 치유기도 드립니다. 아멘.

"여호와는 마음이 상한 자를 가까이 하시고 충심으로 통회하는 자를 구원하시는도다" 〈시 34:18, 개역개정〉

우울증을 위한 치유기도

주 예수님,

주님은 제 상한 마음을 치유하시려고 오셨습니다. 주님 안에서, 제 영혼을 충만한 생명으로 회복시켜 주시기 위해 오셨습니다. 저는 마음속에 짊어진 짐 때문에, 너무나 힘듭니다. 불안합니다. 압도당하고 있습니다. 육체적 한계와 감정적, 영성적 고통에 맞서 싸워야 했던 제 좌절감을 고백합니다. 이 슬프고 어두운 곳에서, 주님이 저와 함께하심을 알게 하옵소서. 믿을 수 있는 믿음의 선물을 주옵소서. 저를 결코 떠나지 아니하시고 버리지 아니하시겠다는 약속에 감사드립니다.

주님, 제 우울증의 근원을 아시지요? 상실, 슬픔, 트라우마, 학대, 거부의 기억을 치유해 주옵소서. 그 기억들의 고통을 주님의 자비와 사랑에 맡겨드립니다. 모든 기억 속에서 주님을 볼 수 있도록 제 눈을 열어 주옵소서. 이 고통을 초래한 사람들을 용서할 수 있는 은혜를 주옵소서.

주님, 저와 함께하옵소서. 상처받고 갈등하는 이 감정의 미로를 헤쳐 나가도록 인도해 주옵소서. 저는 지금 짓누르는 두려움에 압도당하고 있습니다. 주님의 온전한 사랑이 제 모든 두려움을 몰아내고, 주님의 사랑으로 대체해 주심을 알게 하옵소서. 믿도록 도와주옵소서.

주 예수님, 겟세마네 동산에서 기도하실 때, 주님께서는 깊은 근심과 고통을 겪으셨습니다. "내 마음이 매우 고민하여 죽게 되었다"(마태복음 26:38). 그 마음이 지금 제 마음입니다. 또 주님께서 가장 힘드셨을 때, 아버지께서는 주님을 위로하시기 위하여 천사를 보내셨습니다(누가복음 22:43). 제가 외롭거나 오해받는다고 느끼는 이때도, 주님의 거룩한 천사들을 보내시어, 저를 보호하시고 위로해 주옵소서.

주님, 제 영혼에 악이 뿌리내릴 수 있도록 문을 열어 준 상처를 치유해 주옵소서. 주님의 이름과 주님의 권능으로, 저를 대적하는 모든 악한 세력을 묶고 쫓아냅니다. 제 영혼에서 모든 부정적인 것을 깨끗이 씻어 주옵소서.

주 예수님, 제 존재의 모든 면을 주님의 치유하시는 빛으로 채워 주옵소서. 어둠을 몰아내 주옵소서. 제 뇌의 어느 부분이든, 신경 전달 물질이 고갈되었다면, 뇌 기능을 균형 있게 회복시켜 주옵소서. 정상적인 뇌 기능을 회복시켜 주옵소서. 주님의 부드러운 어루만지심으로, 제 마음에 주님의 평화를 내려주옵소서. 제 몸에 주님의 치유를 부어 주옵소서.

주 예수님, 만일 우울증이나 불안에 대한 유전적 취약성이 있다면, 제 가계도를 통해 유전된 모든 질병 패턴에서 저를 자유롭게 해주시기를 간구합니다. 주 예수님, 주님의 이름으로 제 가계도의 모든 속박과 견고한 틀을 깨뜨립니다.

주 예수님, 제가 어둠에서 빛으로 나아갈 때, 주님이 저와 함께하심을 알고 믿을 수 있는 믿음의 선물을 주옵소서. 주님의 자비로 우신 사랑이 제가 걸어가는 동안 이 땅의 여정에서 모든 걸음을 인도해 주실 것이라고 믿습니다. 주님의 사랑 어린 돌보심이 제 마음에 평화를, 제 가슴에 평안을, 제 영에 새롭게 됨을, 그리고 제 몸에 치유를 가져다줄 것을 믿습니다. 주 예수님, 저를 사랑하시고 치유해 주셔서 감사합니다. 예수님의 이름으로 치유기도 드립니다. 아멘.

"이에 말씀하시되 내 마음이 매우 고민하여 죽게 되었으니 너희는 여기 머물러 나와 함께 깨어 있으라 하시고" 〈마 26:38, 개역개정〉

위기에 처했을 때 드리는 치유기도

주님,

제가 커다란 위기에 처했습니다. 이 순간, 제가 내리는 결정이, 제 삶 전체에 영향을 미칠 것입니다. 그 사실을 잘 알기 때문에, 더더욱 긴장이 됩니다. 주님, 제가 어찌해야 할까요? 제가 올바르게, 정확하게, 판단할 수 있도록 도와주옵소서. 주님, 제가 지금 당황하지 말아야 한다는 사실을 잘 압니다. 하지만 마음의 평화가 없다면, 창조적인 생각을 할 수가 없습니다. 제 마음을 차분하게 가라앉혀 주옵소서. 이 위태로운 문제를 극복해 낼 만한 생각과 통찰을 갖게 하옵소서. 이 모든 문제를 주님께 맡깁니다. 제가 해야 할 일을 보여 주옵소서. 그 일을 행할 수 있는 방법을 가르쳐 주옵소서. 제가 주님의 대답을 들을 수 있게 도와주옵소서. 주님께서 대답하실 때, 그것을 알아차릴 수 있도록 도와주옵소서. 그리고 무엇보다도, 주님께서는 반드시 대답해 주신다는 사실을 알 수 있도록 도와주옵소서. 주님은 위기의 하나님이십니다. 주님, 무한한 감사를 드립니다. 예수님의 이름으로 감사하며 치유기도 드립니다. 아멘.

"나의 생명이 항상 위기에 있사오나 나는 주의 법을 잊지 아니하나이다"
〈시 119:109, 개역개정〉

위독할 때 드리는 치유기도

주님,
저는 비록 죽지만,
주님은 생명이십니다.
제가 아무리 차가울지라도,
주님은 사랑의 불이십니다.
하늘에도,
땅 그 어디에도,
제가 머리 둘 곳이 없습니다.
오직 주님뿐입니다.
도와주옵소서.
예수님의 이름으로 치유기도 드립니다. 아멘.

"이것을 너희에게 이르는 것은 너희로 내 안에서 평안을 누리게 하려 함이
라 세상에서는 너희가 환난을 당하나 담대하라 내가 세상을 이기었노라"
〈요 16:33, 개역개정〉

유가족을 위로할 때 드리는 치유기도

하나님,

하나님의 크신 뜻에 저를 맡기며 머리 숙였습니다. 모든 인생은 한낱 풀포기, 그 영화는 들에 핀 꽃, 인간이란 실로 풀과 같은 존재, 풀은 시들고 꽃은 지고 마는 것, 그러나, 그러나, 하나님의 말씀을 영원히 서 있는 것. 오 영원하신 하나님, 시들고 말라 버리고야 말 인간의 생명이지만, 하나님께서 허락하여 주신 것이기에, 저는 이를 소중히 여겼습니다. 그 생명이 고 ○○○ 님에게서 떠났기에, 저는 애태우며 슬퍼하고 있습니다. 그 생명은 이미 부름을 받아, 하나님 품에 안기고, 여기엔 그 몸만이 남아 있습니다. 고인의 죽음을 슬퍼하는 저에게, 하나님의 성령께서 함께 해주시기를 빕니다. 고인과 맺은 한 사람 한 사람의 형편에 따라, 위로의 손길을 뻗쳐 주시기를 목 놓아 기다립니다. 하나님, 제가 이런 때일수록 하나님의 크신 뜻을 읽고 따르게 해주옵소서. 제 형제/자매 고 ○○○ 님의 모든 것을 영원하신 하나님 품에 고이 품어주옵소서. 저를 절망에서 희망으로 이끄시는, 예수 그리스도의 이름으로 치유기도 드립니다. 아멘.

"형제들아 자는 자들에 관하여는 너희가 알지 못함을 우리가 원하지 아니하노니 이는 소망 없는 다른 이와 같이 슬퍼하지 않게 하려 함이라" 〈살전 4:13, 개역개정〉

인생의 본질을 묻고 싶을 때 드리는 치유기도

주님,

주님은 대대로 제 거처이셨습니다. 산들이 생기기 전에, 땅과 세계가 생기기 전에, 영원부터 영원까지, 주님은 하나님이십니다. 주님께서는 사람을 티끌로 돌아가게 하시고, "죽을 인생들아, 돌아가거라." 하십니다. 주님 앞에서는 천 년도 지나간 어제와 같고, 밤의 한순간과도 같습니다. 주님께서 생명을 거두어 가시면, 인생은 한순간의 꿈일 뿐, 아침에 돋는 한 포기의 꿈과 같을 따름입니다. 아침에 돋아나서 꽃을 피우다가도, 저녁에는 시들어서 말라 버립니다. 주님, 주님께서 노하시면 제 삶이 끝이 나고, 주님께서 노하시면 저는 스러지고 맙니다. 주님께서 제 죄를 주님 앞에 내놓으시니, 제 숨은 죄가 주님 앞에 환히 드러납니다. 주님께서 노하시면 제 인생은 사그라지고, 제 한평생은 한숨처럼 스러지고 맙니다. 인생의 연수가 칠십이요 강건하면 팔십이라도, 그 연수의 자랑은 수고와 슬픔뿐이요, 빠르게 지나가니, 마치 날아가는 것 같습니다. 저에게 제 날 계수함을 가르쳐 주셔서, 지혜의 마음을 얻게 해주옵소서. 예수님의 이름으로 치유기도 드립니다. 아멘.

"주의 목전에는 천 년이 지나간 어제 같으며 밤의 한 순간 같을 뿐임이니이다" 〈시 90:4, 개역개정〉

일곱 가지 알약을 먹는 치유기도

주님,

저는 지금 여기,

예수 그리스도 안에서,

갚을 길 없는 하나님의 사랑과 생명을 누립니다.

무한하신 하나님의 지혜와 능력을 누립니다.

항상 기뻐하고 범사에 감사를 누립니다.

말할 수 없는 긍휼과 은혜를 누립니다.

말씀대로 말함으로 주님의 뜻을 누립니다.

신성한 강건함과 자유를 누립니다.

차고 넘치는 부요와 형통을 누립니다.

예수님의 이름으로 선포기도 드립니다. 아멘.

"사랑하는 자여 네 영혼이 잘됨 같이 네가 범사에 잘되고 강건하기를 내가
간구하노라" 〈요삼 1:2, 개역개정〉

④

자기연민에 빠졌을 때 드리는 치유기도

하나님,
저를 방문한 사람들이
꽃과 과일과 잡지를 두고 갔습니다.
이것들을 바라보며 감사를 드립니다.
또 그들은 저에게 신선한 생각거리들을 두고 갔습니다.
하지만 지금 저는 너무나도 피곤합니다.
저를 자기연민에서 건져주옵소서.
제 믿음을 평온하게 세워 주옵소서.
제 기억력을 키워주셔서
제가 아는 것들을 붙잡고 있게 하옵소서.
제 가족을 지켜주옵소서.
이제는 그들의 일상이 완전히 변해 버렸습니다.
오늘밤 저에게 하나님의 달콤한 선물로 잠을 주시고,
상쾌함과 차분함을 주옵소서.
어려움에 처한 다른 많은 이들을 도와주기 위하여
애쓰는 사람들 모두를 축복하옵소서.
예수 그리스도의 이름으로 치유기도 드립니다. 아멘.

"오랫동안 여호와를 믿고 기다리는 사람은 언제나 다시 새 힘을 얻어서 마치 강풍을 타고 창공으로 치솟아 오르는 독수리처럼 그들도 하나님의 영에게 이끌려 올라갈 것입니다. 그들은 뛰고 달려도 피곤한 줄을 모르며 아무리 먼 길을 걸어도 쓰러지지 않을 것입니다.'" 〈사 40:31, 현대어〉

자살시도 치유기도

죽음의 문턱에서 저를 건지신 주님,
이 시간 사망의 깊은 그림자를 겪은 제 영혼 위에, 주님의 부활하신 권능을 부어주시기를 기도드립니다. 주님의 치유하시는 빛도 비추어 주시기를 간절히 기도드립니다. 예수 그리스도의 이름으로 명하노니, 내 영혼을 다시 덮으려는 모든 사망의 영과 어둠의 세력은 영원히 묶여지고 떠나갈지어다! 내 육체에 남은 모든 상처와 통증, 그리고 신경계의 손상은 주님의 권능으로 완전히 치유될지어다! 마음을 짓누르는 수치심과 죄책감의 짐은 새 언약의 피로 씻겨지고 소멸될지어다! 내 영혼의 삶을 향한 의지는 가장 강력하게 회복될지어다! 주님께서 내미신 생명의 끈을 다시 붙잡고, 절대로 놓지 않을 힘을 부어주옵소서. 주님께서 제 영혼에게 살아야 할 분명한 이유를 매일 아침 새롭게 부어주시고, 제 생명이 주님의 영광과 승리의 간증이 될 것을 믿고 선포합니다. 살아 계신 예수 그리스도의 이름으로 치유기도 드립니다. 아멘.

"내가 죽지 않고 살아서 여호와께서 하시는 일을 선포하리로다" 〈시 118:17, 개역개정〉

자살충동, 자살생각 치유기도

저 절망의 심연에서조차 손을 내미시는 주님,
삶의 모든 빛이 꺼진 자리에서, 끝없는 절벽 앞에 선 마음을 주님
께 드립니다. 이제 그만 모든 것을 놓아버리고 싶은 충동과 숨 막
히는 어둠을 받아주옵소서. 주님, 저를 주님의 품에 안아주옵소
서. 제 생명을 끝내고 싶은 이 마음마저, 주님의 손으로 빚어진 귀
한 작품임을 고백합니다. 제가 저를 버릴지라도, 주님은 저를 결
코 버리지 않으심을 믿습니다. 이 벼랑 끝에서, 저를 붙들어 주옵
소서. 제 마음에 소망의 닻을 내려주시고, 다시 한번 살아갈 힘을
허락해 주옵소서. 어둠을 걷고 다시 뜨는 새벽처럼, 제 삶에 새로
운 생명의 빛을 비추어 주옵소서. 마지막 남은 힘으로 주님을 향
해 부르짖습니다. 저는 저를 포기하지 않겠습니다. 주님, 제 손을
잡아주옵소서. 이 고통의 터널을 지나, 다시 주님 안에서, 참된 평
안을 누릴 것을 믿습니다. 예수 그리스도의 이름으로 치유기도 드
립니다. 아멘.

**"내가 여호와를 기다리고 기다렸더니 귀를 기울이사 나의 부르짖음을 들으
셨도다 나를 기가 막힐 웅덩이와 수렁에서 끌어올리시고 내 발을 반석 위에
두사 내 걸음을 견고하게 하셨도다"** 〈시 40:1-2, 개역개정〉

자살충동을 느낄 때 드리는 치유기도

하나님,
지금 고통 중에서
하나님의 손길을 바라고 있습니다.
긍휼을 베푸시어
제 생각과 눈물과 아픔을 헤아려 주옵소서.
삶의 고단함과 의미 없음을 치료해 주옵소서.
살아 있다는 싱싱한 느낌으로
순간에 최선을 다하는
당당한 모습을 심어주옵소서.
모든 사람이 인정하고 존경하는
아름다운 성품을 베풀어 주옵소서.
삶의 용기를 지니고
오히려 약한 이웃을 섬기게 해주옵소서.
길이요 진리요 생명이신
예수님의 이름으로 치유기도 드립니다. 아멘.

"사람이 만일 온 천하를 얻고도 제 목숨을 잃으면 무엇이 유익하리요 사람
이 무엇을 주고 제 목숨과 바꾸겠느냐" 〈마 16:26, 개역개정〉

잠잠히 주님만 바라보고 싶을 때 드리는 치유기도

주님,
지금 제가 할 수 있는 것이 아무것도 없습니다.
무언가를 한다는 것이 너무나 부적절한 것임을
겸손히 고백할 수밖에 없습니다.
비오니,
그저 서서 주님을 바라보게 하옵소서.
주님의 찢기신 몸,
상처로 범벅이 된 머리,
못 박히신 손과 발,
창 자국 난 옆구리.
주님의 그 고통스러우신,
그러나 주님의 그 아름다우신 모습을
잠잠히 바라만 보게 하옵소서.
잠잠히 바라만 보게 하옵소서.
예수님의 이름으로 치유기도 드립니다. 아멘.

"나의 영혼아 잠잠히 하나님만 바라라 무릇 나의 소망이 그로부터 나오는도
다" 〈시 62:5, 개역개정〉

저녁에 잠자리에 들 때 드리는 때 치유기도

하나님,

오늘 밤에, 특히 몸과 마음과 가슴속에 번민과 고통을 안고 있는 사람들을 생각합니다. 가족을 잃은 가정에서 슬퍼하고 방황하고 있는 유가족들에게 복을 내려주옵소서. 오늘 밤, 침대 옆에 앉아 사랑하는 사람의 임종을 기다리는 가정 위에 복을 내려주옵소서. 오늘 밤, 아픈 사람들, 최악의 고통으로 긴긴밤을 지새야 하는 이들에게 복을 내려주옵소서. 나쁜 소식과 예기치 않은 수치감으로 슬퍼하는 가정 위에 복을 내려주옵소서. 꿈꾸던 일이 영영 물거품으로 변하여, 처절한 실망 가운데서 홀로 앉아 있는 이들에게 복을 내려주옵소서. 삶에 큰 낭패를 당한 이들에게 복을 내려주옵소서. 시험을 당해 씨름하고 있는 이들과, 이 씨름 속에서 패배한 이들에게 복을 내려주옵소서. 사랑하는 사람과 헤어진 이들, 그리고 외로움과 불안에 사로잡힌 이들에게 복을 내려주옵소서. 어려운 일이 있는 곳에, 위로와 도움이 있게 해주옵소서. 예수님의 이름으로 치유기도 드립니다. 아멘.

"한밤중에 바울과 실라가 기도하고 하나님을 찬송하매 죄수들이 듣더라"
〈행 16:25, 개역개정〉

절망 치유기도

부서진 조각들을 모으시는 주님,
깊은 절망의 바닥에서 주님을 부릅니다. 빛 한 점 없는 어둠 속에
갇힌 듯, 제 마음의 성벽은 모두 무너졌습니다. 더 이상 일어설 힘
조차 없는 이 차가운 그림자를 주님께 올려드립니다. 주님, 이 침
묵 속에서도, 저와 함께 계시는 주님의 따스한 손을 붙들게 하옵
소서. 제 부서진 마음 조각들을 하나하나 모으시어, 다시 온전케
하여 주옵소서. 제 영혼에 새로운 새싹이 돋아나도록, 소망의 빛
을 비추어 주옵소서. 이 무너진 자리에서, 다시 시작할 수 있는 힘
을 주옵소서. 절망의 끝에서 주님의 사랑을 만나게 하시고, 주님
안에서만 찾을 수 있는 영원한 소망으로 저를 일으켜 세워 주옵소
서. 제 마지막 남은 믿음으로, 모든 것을 주님께 내려놓습니다. 저
를 붙드실 주님의 손을 신뢰하며, 예수 그리스도의 이름으로 치유
기도 드립니다. 아멘.

"왜 이런 괴로움만 있을까 생각하다가도 희망이 있으리라 힘을 냅니다. 여
호와께서 한결같이 잘해 주시니 그래도 안쓰러운 것 보시면 마음 아파 어쩔
줄 몰라 하시니 그 사랑, 그 자비 한없으시니 우리가 아예 쓰러지지는 않을
것이라. 주님의 진실 아침마다 새로우니 떠오르는 해처럼 확실하니 여호와
는 내가 가지고 있는 그 모든 것, 하여 나는 내 모든 희망 주께 두리라." 〈애
3:21-24, 현대어〉

절망스럽다고 느낄 때 드리는 치유기도

하나님,
제가 지금 얼마나 치명적인 병을 앓고 있는지 아시지요? 비오니,
아직 시간 있을 때, 저에게 은혜를 베풀어 주옵소서. 죽음에 이르
게 하는 병이 무엇인지를 알게 하옵소서. 절망이라는 이 병, 이 병
을 앓지 않는 사람은 세상에 단 한 명도 없음을 깨닫게 하옵소서.

예수님, 예수님께서도 절망이라는 이 병을 고치러 오셨지요? 부디
저를 이 병에서 치유하여 주옵소서. 스스로 환자라는 사실을 인
정하는 사람만이 예수님께 치유 받을 수 있는 이 병, 예수님, 제가
이 병에서 완전히 치유될 때까지, 예수님을 꼭 붙잡게 하옵소서.

성령님, 성령님께서도 지금 이 절망이라는 병에 빠져 있는 저를
도우러 오십니다. 제가 정직하게 인정만 하면 치료받을 수 있는
이 병, 성령님, 저와 함께하여 주옵소서. 한순간이라도 치유자이
신 성령님을 떠나, 멸망에 빠지지 않게 하옵소서. 성령님을 꼭 붙
들어, 이 질병에서 구원받게 하옵소서. 성령님과 함께 있는 것이
이 질병에서 치유 받는 길임을 믿습니다. 부디 저를 도와주옵소
서. 예수님의 이름으로 치유기도 드립니다. 아멘.

"우리는 사면에서 닥치는 고통에 짓눌리지만 움츠러들지도 쓰러지지도 않
습니다. 너무도 어처구니없는 일에 당황할 때도 있지만 절망하거나 자포자
기하지 않습니다." 〈고후 4:8, 현대어〉

절망의 무게에 짓눌려 있을 때 드리는 치유기도

하나님,

저는 지금 절망의 무게에 짓눌려 있습니다. 그러나 하나님의 빛이 가장 어두운 곳까지 비추어 주심에 감사드립니다. 지금 당장 제 영혼을 들어주옵소서. 제가 앞으로 나아가는 데 필요한 도움을 주옵소서. 하나님은 제 피난처이자 힘이십니다! 하나님, 강하게 더 강하게 일하시옵소서. 주 예수의 이름으로 명하노니, 내 모든 절망은 깨끗이 치유될지어다. 베드로전서 2장 24절 말씀대로, 주님께서 채찍에 맞으실 때, 내 절망은 이미 치유되었음을 믿음으로 선포합니다. 믿음대로 될지어다. 예수님의 이름으로 치유기도 드립니다. 아멘.

"여호와는 마음이 상한 자를 가까이 하시고 충심으로 통회하는 자를 구원하시는도다" 〈시 34:18, 개역개정〉

정신건강의학과 치유기도

제 마음속 저 깊은 곳을 어루만지시는 주님,

이 시간, 정신건강의학 관련해서, 주님의 치유를 간절히 기다리는 저에게, 하늘의 놀라운 권능을 부어주시기를 간절히 간구합니다. 예수 그리스도의 이름으로 명하노니, 내 영혼의 가장 깊은 곳에 자리 잡은 모든 어둠의 그림자는 빛 앞에 즉시 소멸될지어다! 우울, 불안, 공황, 강박 등 고통을 주는 모든 질병의 영은 묶여지고 떠나갈지어다! 내 뇌 속에서 벌어지는 생각의 견고한 진, 모든 요새는 그리스도의 평강 앞에서 완전히 무너질지어다! 신경 전달 물질과 뇌의 기능은 창조 설계대로 완벽한 균형과 조화를 찾을지어다! 치료하는 의료진과 약물, 그리고 상담의 모든 과정은 생명의 통로가 되어, 제 영혼에 온전한 안식과 회복을 가져올 것을 믿습니다. 주님께서 저를 붙드사, 빛 가운데 자유함을 누리게 하실 줄 믿고 선포합니다. 예수님의 이름으로 치유기도 드립니다. 아멘.

"우리의 싸우는 무기는 육신에 속한 것이 아니요 오직 어떤 견고한 진도 무너뜨리는 하나님의 능력이라 모든 이론을 무너뜨리며 하나님 아는 것을 대적하여 높아진 것을 다 무너뜨리고 모든 생각을 사로잡아 그리스도에게 복종하게 하니" 〈고후 10:4-5, 개역개정〉

조현병, 망상, 환각, 환청, 환시, 환촉 치유기도

혼돈 속에서도 잔잔한 평화를 주시는 주님,
산산이 흩어진 제 마음의 조각들, 진실과 거짓이 얽힌 어지러운 미로를 주님께 올려드립니다. 보이지 않는 소리의 파도와 환상의 장막에 갇힌, 제 영혼을 불쌍히 여겨 주옵소서. 주님, 주님께서 내 쉬시는 평화의 숨결로, 제 마음을 만져 주옵소서. 예수님의 이름으로 명령하노니, 내 모든 환청과 환시, 내 모든 환각과 환촉, 내 모든 망상은 잠잠할지어다. 내 조현병은 깨끗이 사라질지어다.

주님, 이제는 고요한 침묵 속에서, 주님의 온전한 음성을 듣게 하옵소서. 주님께서 비추시는 진리의 빛으로, 제 영혼의 모든 어둠을 밝혀주옵소서. 이 모든 혼란과 고통을 주님의 따스한 품에 내려놓습니다. 주님만이 제 안전한 피난처이십니다. 주님만이 제 무너진 마음을 다시 온전하게 하실 수 있음을 믿습니다. 주님 주시는 온전한 평화와 진리 안에서, 제가 마침내 자유를 누리게 하실 것을 믿습니다. 제 마음을 온전히 회복시키실 주님을 찬양합니다. 예수 그리스도의 이름으로 치유기도 드립니다. 아멘.

"걱정에 싸여 지내지 말고 무슨 일에 있어서든지 기도하십시오. 필요할 것을 하나님께 아뢰고, 여러분의 기도에 응답해 주시는 하나님께 감사드리는 일을 잊지 마십시오. 그러면 여러분은 인간의 이해를 훨씬 더 초월한 하나님의 평화를 경험하게 될 것입니다. 여러분이 그리스도 예수를 의지할 때 하나님의 평화가 여러분의 생각과 마음을 안정시키며 안식을 줄 것입니다."
〈빌 4:6-7, 현대어〉

죄의 고백을 위한 치유기도

하나님,
저는 생각과 말과 행동으로 저를 지었습니다.

하나님, 특히 _____(생각나는 구체적인 죄를 적으세요)
으로, 하나님께, 제 자신에게, 그리고 _____(만일 여러분의
죄가 다른 사람에게 지은 것이라면, 여러분이 잘못한 사람의 이
름을 적으세요)에게 죄를 지었습니다. 그 죄를 진심으로 고백합니
다. 그 죄를 진심으로 동의합니다.

하나님, 진심으로 죄송합니다. 사과드립니다. 이제 이 죄에서 떠
나 하나님께로 다시 돌이킵니다. 예수 그리스도의 이름으로 용서
해 주시기를 간구합니다.

하나님, 제 죄 때문에 생긴 모든 영적, 정신적, 감정적 상처에서
저를 깨끗이 씻어 주옵소서. 치유해 주옵소서. 제가 상처 입힌
_____(다시 이름을 적어 주세요)를 축복해 주옵소서. 치
유해 주옵소서. 위로해 주옵소서.

하나님, 제가 이 죄와 이 연약함에서 벗어날 수 있도록 힘을 주옵
소서. 사랑이 넘치고 믿음으로 가득 찬 친구들을 제 삶에 데려와
이 여정에 함께하게 해주옵소서.

하나님, 제 모든 죄를 완전히 용서해 주옵소서. 자유를 주옵소서. 깨끗이 씻어 주옵소서. 그렇게 해주실 것을 믿고 미리 감사를 드립니다.

하나님, 제 삶 전반에 걸쳐, 주님의 자비로우신 사랑을 펼쳐 주옵소서. 믿습니다. 그렇게 해주시리라 믿을 수 있는 담대한 믿음의 선물을 주옵소서. 예수님의 이름으로 치유기도 드립니다. 아멘.

"여호와께서 구름 가운데에 강림하사 그와 함께 거기 서서 여호와의 이름을 선포하실새 여호와께서 그의 앞으로 지나시며 선포하시되 여호와라 여호와라 자비롭고 은혜롭고 노하기를 더디 하고 인자와 진실이 많은 하나님이라 인자를 천대까지 베풀며 악과 과실과 죄를 용서하리라 그러나 벌을 면제하지는 아니하고 아버지의 악행을 자손 삼사 대까지 보응하리라" 〈출 34:5-7, 개역개정〉

죄인 중에 내가 괴수임을 깨닫고 용서를 선언하는 치유기도

주님,
복음의 기쁜 소식을 듣게 하시니 감사합니다.
디모데전서 1장 15절에 말씀하셨지요?
"미쁘다, 모든 사람이 받을 만한 이 말이여,
그리스도 예수께서 죄인을 구원하시려고
세상에 임하셨다 하였도다.
죄인 중에 내가 괴수니라."
이제 나는 그리스도께서 저에게 주신
이 은혜의 말씀에 따라,
제 죄가 용서받았음을 선언합니다.
하나님, 감사합니다.
예수님의 이름으로 치유기도 드립니다. 아멘.

"미쁘다 모든 사람이 받을 만한 이 말이여 그리스도 예수께서 죄인을 구원하시려고 세상에 임하셨다 하였도다 죄인 중에 내가 괴수니라" 〈딤전 1:15, 개역개정〉

죄책감이 들 때 드리는 치유기도

주님,
주님의 한결같은 사랑으로, 저에게 자비를 베풀어 주옵소서. 주님의 긍휼을 베푸시어, 제 반역죄를 없애 주옵소서. 제 죄악을 말끔히 씻어 주시고, 제 죄를 깨끗이 없애 주옵소서. 제 반역죄를 제가 잘 알고 있으며, 제가 지은 죄가 언제나 제 앞에 있습니다.

주님께만, 오직 주님께만, 저는 죄를 지었습니다. 주님 눈앞에서, 제가 악한 짓을 저질렀으니, 주님의 유죄 선고가 마땅할 뿐입니다. 주님의 유죄 선고는 옳습니다. 실로, 저는 태어날 때부터 죄인이었고, 어머니의 태 속에 있을 때부터 죄인이었습니다.

마음속의 성실과 진실을 기뻐하시는 주님, 제 마음을 주님의 지혜로 가득 채워주옵소서. 우슬초로 제 죄를 정결케 해주옵소서. 제가 깨끗하게 될 것입니다. 저를 씻어 주옵소서. 제가 눈보다 더 희게 될 것입니다. 기쁨과 즐거움의 소리를 들려주옵소서. 비록 주님께서 제 뼈를 꺾으셨어도, 제가 다시 기뻐하며 외치겠습니다. 주님의 눈을 제 죄에서 돌리시고, 제 모든 죄악을 없애 주옵소서.

아, 하나님, 제 속에 깨끗한 마음을 새로 지어주시고, 제 안에 정직한 새 영을 넣어 주옵소서. 주님 앞에서 저를 쫓아내지 마시며, 주님의 거룩한 영을 저에게서 거두어 가지 말아주옵소서. 주님께서 베푸시는 구원의 기쁨을 제게 돌려주시고, 너그러운 영을 보내셔서 저를 붙들어 주옵소서.

주님, 제 입을 열어 주옵소서. 주님을 찬양하는 노래를 제 입으로 전파하렵니다. 주님은 제물을 반기지 않으시며, 제가 번제를 드려도 기뻐하지 않으십니다. 하나님께서 원하시는 제물은 깨어진 마음임을 확신합니다. 깨어지고 짓밟힌 심령을, 하나님께서는 멸하지 않으실 것입니다. 감사드리며, 예수님의 이름으로 치유기도 드립니다. 아멘.

"이것이 지은 죄 우슬초로 씻어 주소서. 그리하면 이것이 깨끗해지리이다. 이 몸을 닦아 주소서. 그리하면 눈보다도 더 희어지리이다." 〈시 51:7, 현대어〉

죄책감이 물밀듯 밀려올 때 드리는 치유기도

주 하나님,

죄책감이 물밀듯 밀려올 때가 있습니다. 그런 때 하나님께서는 우리가 죄책감에 대해서 하나님께 용서를 구하도록 인도하시니 감사합니다. 그리고, 놀랍게도, 성경은, 우리가 하나님께 가져온 죄를 하나님께서는 잊으셨다고 말합니다. 잘못을 회개한 후에는, 죄책감이 다시는 제 자신을 짓누르지 않도록 도와주옵소서. 그 사실을 믿게 하옵소서. 성령님, 강하게 더 강하게 일하시옵소서. 주 예수의 이름으로 명하노니, 이 모든 죄책감은 깨끗이 치유될지어다. 베드로전서 2장 24절 말씀대로, 주님께서 채찍에 맞으실 때, 제 죄책감은 이미 치유되었음을 믿음으로 선포합니다. 믿음대로 될지어다. 예수님의 이름으로 치유기도 드립니다. 아멘.

"그러므로 이제 그리스도 예수 안에 있는 자에게는 결코 정죄함이 없나니"
〈롬 8:1, 개역개정〉

주 예수 안에서 참 행복을 추구하는 치유기도

주님,

제가 어렸을 때부터 불렀던 저 아름다운 찬송가 가사처럼, 지금 저에게 주 예수보다 더 귀한 것은 없습니다. 이 세상 부귀와 바꿀 수 없습니다. 영 죽을 내 대신 돌아가신 그 놀라운 사랑 잊지 못합니다. 세상 즐거움 다 버리고 세상 자랑 다 버렸습니다. 주 예수보다 더 귀한 것은 없습니다. 예수 밖에는 없습니다.

주님, 지금 저에게 주 예수보다 더 귀한 것은 없습니다. 이 세상 명예와 바꿀 수 없습니다. 이전에 즐기던 세상일도 주 사랑하는 맘 뺏지 못합니다. 세상 즐거움 다 버리고 세상 자랑 다 버렸습니다. 주 예수보다 더 귀한 것은 없습니다. 예수 밖에는 없습니다.

주님, 지금 저에게 주 예수보다 더 귀한 것은 없습니다. 이 세상 행복과 바꿀 수 없습니다. 유혹과 핍박이 몰려와도 주 섬기는 내 맘 변치 못합니다. 세상 즐거움 다 버리고 세상 자랑 다 버렸습니다. 주 예수보다 더 귀한 것은 없습니다. 예수 밖에는 없습니다. 이 모든 고백, 예수님의 이름으로 치유기도 드립니다.

"사람이 비록 백 명의 자녀를 낳고 또 장수하여 사는 날이 많을지라도 그의 영혼은 그러한 행복으로 만족하지 못하고 또 그가 [행복하게] 안장되지 못하면 나는 이르기를 낙태된 자가 그보다는 낫다 하나니" 〈전 6:3, 개역개정〉

주님과 함께 하루를 시작하고 싶은데
잘 안될 때 드리는 치유기도

주님,
오늘도 종일 주님과 함께 살게 해주옵소서.
오늘도 저에게 주님의 말씀 안에 있는 지혜를 주옵소서.
주님의 마음 안에 있는 사랑을 주옵소서.
주님의 손안에 있는 도움을 주옵소서.
오늘도 저에게 사람들을 대할 때
주님의 인내를 주옵소서.
경멸과 모욕과 상처를 당할 때,
괘씸한 생각이나 화를 내지 않도록
주님의 능력을 베풀어 주옵소서.
늘 담대히 용서해 버릴 수 있는 힘을 주옵소서.
그리하여 비록 희미하게나마,
그들이 저에게서 주님을 볼 수 있도록 해주옵소서.
예수님의 이름으로 치유기도 드립니다. 아멘.

"내가 항상 주와 함께 하니 주께서 내 오른손을 붙드셨나이다"〈시 73:23,
개역개정〉

주님께 가장 적중한 답변을 드리고 싶을 때 바치는 치유기도

주님,
이 거룩한 시간에
제가 무슨 말씀을 드릴 수 있겠습니까?
제 입에서 어떤 말이,
어떤 생각이,
어떤 문장이 나올 수 있겠습니까?
주님은 저를 위하여 십자가에서 죽으셨습니다.
주님은 제 죄를 위하여 모든 것을 다 주셨습니다.
주님은 저를 위하여 인간이 되셨을 뿐만 아니라,
저를 위하여 가장 참혹한 죽임을 당하셨습니다.
어떤 응답을 해야 합니까?
제가 주님께 가장 적중한 답변을 드릴 수 있도록
지혜를 내려주옵소서.
예수님의 이름으로 치유기도 드립니다. 아멘.

"스바 여왕은 솔로몬의 지혜로운 답변을 듣고 깊이 감명을 받았다. 그녀는
솔로몬의 궁궐도 구경하였다." 〈대하 9:3, 현대어〉

주님께 집중할 수 없을 때 드리는 치유기도

주님,
저는 지금 지독한 혼란에 빠져 있습니다.
주님께 집중할 수가 없습니다.
마음 중심이 흔들립니다.
마치 주님이 저를 버리신 것 같습니다.
떠나버리신 것 같은 의심이 듭니다.
그러나 제가 느끼거나 이해하지 못하는 방법으로
주님이 제 안에서 일하시리라는 생각에
깊은, 한없이 깊은, 위로를 받습니다.
믿음 안에서 주님을 꼭 붙잡습니다.
비오니, 주님의 영은 제 마음과 생각보다
더 깊이, 더 멀리, 닿는다는 것을 제가 알게 하옵소서.
그 심오한 움직임은 쉽게, 금방,
알아차릴 수 없다는 것을 제가 알게 하옵소서.
예수님의 이름으로 치유기도 드립니다. 아멘.

"하나 이 몸 얼마나 복되랴. 하나님 곁에 늘 가까이 있으리니. 나 주님이신
여호와를 피난처로 삼아 주께서 하는 일 남김없이 널리널리 이야기하리라."
〈시 73:28, 현대어〉

주님께로 돌아가고 싶을 때 드리는 치유기도

주님,
눈물 가득한 눈으로 보고 계시지요?
주님 주신 바로 그 생명을 파괴하고 있는 제 모습을.
하지만 아버지이신 주님은 또한 아십니다.
제가 강제로 주님께 돌아갈 수가 없음을.
저 스스로 돌아갈 때,
바로 그때 주님은 즐거이, 기꺼이, 사랑을 주십니다.
비오니, 주님께 돌아가려는 제 소원을 들어주옵소서.
이 싸움에 저 홀로 두지 마옵소서.
영원한 저주에서 구하시어,
아름다우신 주님 얼굴을 뵙게 하옵소서.
오소서, 주 예수여, 오시옵소서.
예수님의 이름으로 치유기도 드립니다. 아멘.

"이에 일어나서 아버지께로 돌아가니라 아직도 거리가 먼데 아버지가 그를
보고 측은히 여겨 달려가 목을 안고 입을 맞추니" 〈눅 15:20, 개역개정〉

주님께서 바로 이 자리에 함께하시기를 고대할 때 드리는 치유기도

주님,
주님을 기다리는 이 순간에도
저는 이 세상에서 사랑받고 인정받고
평안을 맛보려 애쓰고 있습니다.
끊임없이 엄습해 오는 소외감과 분리감에서 벗어나려고
안간힘을 쓰고 있습니다.
그러나 간간이 밀려드는 소속감보다
저 깊은 고적감이
저를 더 가까이 주님께 결합시켜 주고 있는 것은 아닌지요?
제가 주님을 맞이해야 할 자리는 어디입니까?
오소서, 주 예수님,
제가 한없이 가난하다 느끼는 바로 이 자리에
저와 함께 해주옵소서.
예수님의 이름으로 치유기도 드립니다. 아멘.

"내가 너로 이 백성 앞에 견고한 놋 성벽이 되게 하리니 그들이 너를 칠지라
도 이기지 못할 것은 내가 너와 함께하여 너를 구하여 건짐이라 여호와의 말
씀이니라" 〈렘 15:20, 개역개정〉

주님만 바라보고 싶을 때 드리는 치유기도

주님,
주님을 바라보며
주님의 두 눈을 응시하고 있노라면,
형언할 길 없는 평화를 맛보게 됩니다.
주님의 깊으신 저 두 눈,
그래서 갈수록 주님의 눈앞에 드러나고 싶습니다.
자비로우신 저 눈길을 받으며 살고 싶습니다.
주님이 지켜보시는 가운데,
날로 강하고,
날로 온유한 사람이 되고 싶습니다.
주님,
주님이 바라보시는 것,
곧 하나님의 사랑과 인간의 고통을
저도 바라보게 하옵소서.
그리하여 제 눈이
상처 입은 마음들을 치유하시는
주님의 저 눈을 닮아가게 하옵소서.
예수님의 이름으로 치유기도 드립니다. 아멘.

"믿음의 주요 또 온전하게 하시는 이인 예수를 바라보자 그는 그 앞에 있는
기쁨을 위하여 십자가를 참으사 부끄러움을 개의치 아니하시더니 하나님
보좌 우편에 앉으셨느니라" 〈히 12:2, 개역개정〉

주님을 떠나고 싶지 않을 때 드리는 치유기도

주님,
주님은 하나님의 사랑으로 성육신하신 분입니다.
주님은 그 무한하신 긍휼을 드러내신 분입니다.
주님은 아버지의 거룩하심을 나타내신 분입니다.
주님, 주님은 아름다움과 선함이십니다.
주님은 너그러움과 용서와 자비이십니다.
주님, 주님께는 모든 것이 있습니다.
주님을 떠나서는 아무것도 할 수 없습니다.
제가 주님을 떠나 무엇을 찾겠습니까?
제가 주님을 떠나 어디로 가겠습니까?
비오니, 오늘도 주님을 바라보게 하옵소서.
예수님의 이름으로 치유기도 드립니다. 아멘.

"나는 포도나무요 너희는 가지라 그가 내 안에, 내가 그 안에 거하면 사람이 열매를 많이 맺나니 나를 떠나서는 너희가 아무 것도 할 수 없음이라" 〈요 15:5, 개역개정〉

주님을 뵙고 싶을 때 드리는 치유기도

주님,
주님의 얼굴, 그 아름다우심을 어떻게 묘사해야 하나요? 우주도 주님을 담아내지 못하는데, 어찌 인간의 언어로 담아낼 수 있을까요! 인류에 대한 주님의 사랑이 얼마나 크신지, 누가 감히 표현할 수 있을까요! 최근에 편안히 앉아, 가물가물 촛불 곁에서, 성경을 읽었습니다. 촛불이 저를 끌어안으려는 순간, 주님이시라는 사실을 깨달았습니다. 저를 끌어안으셨습니다. 주님의 빛과 따뜻한 체온이 방안을 가득 메웠고, 주님의 팔이 저를 감싸 주셨습니다. 땅에 있던 방이 하늘나라가 되었고, 집은 천국 대궐로 변하였습니다. 저도 모르게 마음 깊은 곳에서 소리쳤습니다. "주님, 긍휼히 여겨 주옵소서. 자비를 베풀어 주옵소서. 제가 주님을 진솔하게 섬기지 못하였습니다." 소리치며 울 때, 주님의 자비를 느꼈습니다. 주님께서는 제 영혼을 치유하시는 의사이십니다. 이제, 주님의 방문하심을 기억하며, 땅에 조아려 주님을 경배합니다. 이제야 알겠습니다. 이 어둡고 죄 많은 세상, 사랑 가득하신 주님의 빛이, 가물거리는 촛불이라는 것을! 그러나 제 영혼 안에서, 주님의 거룩하신 빛은 환하게 빛나고 있습니다. 주님을 드러내 주시니 감사합니다. 주님, 저는 주님을 뵈었습니다. 주님, 다시 한번 주님을 뵙게 하옵소서. 예수님의 이름으로 치유기도 드립니다. 아멘.

"내 영혼이 하나님 곧 살아 계시는 하나님을 갈망하나니 내가 어느 때에 나아가서 하나님의 얼굴을 뵈올까" 〈시 42:2, 개역개정〉

주님을 주라 부르면서도
따르지 않은 죄를 고백하는 치유기도

주님,
저는 주님을 주라 부르면서도 따르지 않고,
저는 주님을 빛이라 부르면서도 우러르지 않고,
저는 주님을 길이라 부르면서도 걷지도 않고,
저는 주님을 삶이라 부르면서도 의지하지 않고,
저는 주님을 슬기라 부르면서도 배우지 않고,
저는 주님을 깨끗하다 하면서도 사랑하지 않고,
저는 주님을 부하다 하면서도 구하지 않고,
저는 주님을 영원이라 부르면서도 찾지도 않고,
저는 주님을 어질다 부르면서도 오지도 않고,
저는 주님을 존귀하다 하면서도 섬기지 않고,
저는 주님을 강하다 하면서도 존경하지 않고,
저는 주님을 의롭다 부르면서도 두려워 않으니,
그런즉 주님께서 저를 꾸짖어도 주님을 탓하지 않겠습니다.
주님, 불쌍한 저를 치유해 주옵소서.
예수님의 이름으로 치유기도 드립니다. 아멘.

"나더러 주여 주여 하는 자마다 다 천국에 들어갈 것이 아니요 다만 하늘에 계신 내 아버지의 뜻대로 행하는 자라야 들어가리라" 〈마 7:21, 개역개정〉

주님을 직접 뵙고 싶을 때 드리는 치유기도

사랑의 주님,

저는 더 이상 말씀의 사자를 통하여, 주님에 대해 듣는 것을 만족할 수 없습니다. 주님에 대한 교리를 듣는 것에도 별 흥미가 없습니다. 주님에 대한 설교를 듣고 감격하는 일에도 지쳤습니다. 이제는 주님을 직접 뵙고 싶습니다. 말씀의 사자들은 저를 좌절시키고 슬프게 할 뿐입니다. 그들은 주님에게서 제가 멀리 있는 것처럼 가르칩니다. 그들은 제 마음의 상처를 다시 아프게 할 뿐입니다. 주님이 저에게 오시는 일을 지연시킬 뿐입니다. 오늘 후로는 저에게 더 이상 사자들을 보내지 마옵소서. 교리도 가르치지 마옵소서. 그것으로는 주님을 뵙고픈 이 벅찬 갈망을 해결할 수 없습니다. 이제 제 모든 것을 온전히 주님께 바칩니다. 주님도 모든 것을 온전히 저에게 드러내 주옵소서. 희미하게 드러내신 그 사랑을, 이제는 완전하게 드러내 주옵소서. 사자들을 통하여 가르치셨던 그 사랑을, 이제는 직접 체험하게 하옵소서. 종종 저는 주님이 숨바꼭질하듯, 저를 놀리시는 것 같은 느낌을 받습니다. 주님, 값으로 매길 수 없는 그 고귀하신 사랑으로, 저에게 오시옵소서. 예수님의 이름으로 치유기도 드립니다. 아멘.

"나 분명히 그분을 뵙고야 말리라. 이 두 눈으로 똑똑히 그분을 뵙고야 말리라. 그분 뵙고자 내 마음 그리워 어찌할 줄 모르겠구나." 〈욥 19:27, 현대어〉

주님을 진심으로 알고 싶을 때 드리는 치유기도

주님,
주님은 지금 여기에 계십니다.
제자들과 함께 일하실 때처럼,
지금도 주님은 이적을 행하십니다.
많은 사람이 주님을 너무 잘 '알았기'에,
진실로 알지 못하였습니다.
주님께서 지금 여기서 행하시는
놀라운 일을 보지 못하는 것도
제 눈이 멀고 제 귀가 먹었기 때문입니다.
비오니, 제가 주님을 알아보게 하옵소서.
제 마음과 정신과 영혼을 모아 고백하게 하옵소서.
"주님은 그리스도이시며
살아 계신 하나님의 아들이십니다"라고.
예수님의 이름으로 치유기도 드립니다. 아멘.

"시몬 베드로가 대답하였다. '주님은 그리스도이시며, 살아 계신 하나님의 아들이십니다.'"〈마 16:16, 현대어〉

주님을 통하여 아버지께 나아가고 싶을 때 드리는 치유기도

주님,
주님께는 영생의 말씀이 계십니다.
주님, 주님은 음식이며 물이십니다.
주님, 주님은 길이요 진리요 생명이십니다.
주님, 주님은 어둠 가운데 비치는 빛이십니다.
주님, 주님은 등경 위의 불이십니다.
주님, 주님은 산 위에 있는 집이십니다.
주님, 주님은 하나님의 온전한 형상이십니다.
하여, 두 손 모아 비오니,
주님 안에서, 그리고, 주님을 통하여,
제가 하늘 아버지께로 나아가는 길을
보고 찾을 수 있도록 도와주옵소서.
예수님의 이름으로 치유기도 드립니다. 아멘.

"예수께서 말씀하셨다. '내가 곧 길이요 진리요 생명이다. 나를 통하지 않고
는 아무도 아버지께로 오지 못한다." 〈요 14:6, 현대어〉

주님의 그 그윽하신 눈이 그리울 때 드리는 치유기도

주님,
주님의 눈길은 신의 영원한 신비를 꿰뚫고
하나님의 영광을 보아 아십니다.
바로 그 눈으로,
시몬과 안드레와 나다나엘,
그리고 레위사람을 보셨습니다.
바로 그 눈으로,
하혈하는 부인과 나인 성 과부,
소경과 절름발이,
나병환자와 굶주린 무리를 보셨습니다.
바로 그 눈으로,
부유하지만 슬픔에 빠진 지배자,
호수에서 두려움에 사로잡힌 제자,
들과 무덤에서 서러워 흐느끼는 여인들을 보셨습니다.
비오니, 그 그윽하신 눈으로,
저도 치유하여 주옵소서.
예수님의 이름으로 치유기도 드립니다. 아멘.

"주께서 과부를 보시고 불쌍히 여기사 울지 말라 하시고" 〈눅 7:13, 개역
개정〉

주님의 길을 따르기가 어렵다고 생각될 때 드리는 치유기도

주님,
주님의 길을 수용하기가 너무나 어렵습니다.
주님은 집을 멀리 떠나 태어난
조그맣고 힘없는 아기로
저에게 다가오십니다.
주님은 저를 위하여
주님의 땅에서 나그네처럼 사십니다.
주님은 저를 위하여
자신의 백성에게 배반당하시고,
자신의 친구들에게 오해받으시고,
자신의 하나님께 버림받으시는 느낌 속에서,
성문 밖으로 끌려 나와
범죄자로 죽으십니다.
비오니,
주님 가신 길,
십자가의 길,
골고다의 길을
저도 따라가게 하옵소서.
예수님의 이름으로 치유기도 드립니다. 아멘.

"그들이 예수를 맡으매 예수께서 자기의 십자가를 지시고 해골(히브리 말
로 골고다)이라 하는 곳에 나가시니" 〈요 19:17, 개역개정〉

주님의 손에 이끌리고 싶을 때 드리는 치유기도

주님,
모든 것을 제 스스로 계획하며 살고 싶습니다.
제 자신의 운명을 제 맘대로 결정하고 싶습니다.
하지만 저는 알고 있습니다.
주님 하시는 말씀을!
"내가 너의 손을 잡고 가겠다.
내가 너를 직접 이끌어 가겠다.
나의 사랑을 받아들여라.
그리고 나를 믿어라.
내가 너를 이끌어 가는 곳이
네 마음 깊은 곳에 자리한
희망들이 이루어질 곳이라는 사실을!"
주님,
주님 주시는 사랑의 선물을 받아들일 수 있도록
제 손을 열어 주옵소서.
제 손을 펴 주옵소서.
예수님의 이름으로 치유기도 드립니다. 아멘.

"주의 손이 그들과 함께하시매 수많은 사람들이 믿고 주께 돌아오더라"
〈행 11:21, 개역개정〉

주님의 아름다우심을 묵상하고 싶을 때 드리는 치유기도

주님,
주님은 거룩하신 분입니다.
주님은 아름다우신 분입니다.
주님은 영광스러운 분입니다.
그러므로 비오니,
제 주인이 되시고,
제 구주가 되어주옵소서.
제 구원자가 되시고,
제 인도자가 되어주옵소서.
제 상담자가 되시고,
제 위로자가 되어주옵소서.
제 희망, 제 기쁨,
제 평안이 되어주옵소서.
주님 안에서,
살아 있다는 싱싱한 느낌을 느끼게 하시고,
주님 안에서,
인생의 궁극적인 목적을 발견하게 하옵소서.
우리 주 예수 그리스도의 이름으로 치유기도 드립니다. 아멘.

"무성하게 피어 기쁜 노래로 즐거워하며 레바논의 영광과 갈멜과 사론의 아름다움을 얻을 것이라 그것들이 여호와의 영광 곧 우리 하나님의 아름다움을 보리로다" 〈사 35:2, 개역개정〉

주님의 영을 기다릴 때 드리는 치유기도

주님,
위로부터 주시는 능력을 기다립니다.
주님의 영으로부터 흘러넘치는 능력이 없이는
한 마디도 기도할 수가 없기 때문입니다.
비오니, 주님의 영을 보내셔서,
그 영이 제 안에서 기도하게 하옵소서.
제 안에서 "주 예수여!"라고,
"아바 아버지여!"라고 부르게 하옵소서.
주님, 저는 기다리고 있습니다.
기대하고 있습니다.
주님의 영을 주시지 않은 채,
저를 떠나지 마옵소서.
하나 되게 하시고,
위로를 주시는 주님의 영,
그 영을 저에게 주옵소서.
예수님의 이름으로 치유기도 드립니다. 아멘.

"주는 영이시니 주의 영이 계신 곳에는 자유가 있느니라" 〈고후 3:17, 개역개정〉

주님의 이름을 부르짖고 싶을 때 드리는 치유기도

주님,
주님의 이름은
세상의 모든 이름 가운데
저희를 구원하실 유일한 이름입니다.
비오니,
주님의 이름을 제 마음에 확실히 새겨 주옵소서.
그리하여 제가
생각하고 말하고 행동하는 모든 일에
의미와 능력을 주옵소서.
주님의 이름이 제 모든 관심의 중심이 되게 하옵소서.
주님의 이름이 제 존재 속에 완전히 스며들게 하옵소서.
언제나 주님의 이름이 제 안에서 흘러넘치게 하옵소서.
그리하여 언젠가는,
주님의 이름으로,
저를 주님 집으로 데려가옵소서.
예수님의 이름으로 치유기도 드립니다. 아멘.

"주여 이제도 그들의 위협함을 굽어보시옵고 또 종들로 하여금 담대히 하나님의 말씀을 전하게 하여 주시오며 손을 내밀어 병을 낫게 하시옵고 표적과 기사가 거룩한 종 예수의 이름으로 이루어지게 하옵소서 하더라" 〈행 4:29-30, 개역개정〉

주님의 현존을 느낄 수 없을 때 드리는 치유기도

주님,
구세주이시고 그리스도이신 분이여!
제가 밤낮으로 주님께 간구하는 것은 단 한 가지입니다.
주님,
저에게 자비를 베푸시어,
제 안에서 주님의 현존을 느끼게 하옵소서.
주님,
저에게 자비를 베푸시어,
제가 참 회개에 이르도록 이끌어주옵소서.
주님,
저에게 자비를 베푸시어,
정직하고 겸허한 기도에 이르도록 이끌어주옵소서.
주님,
저에게 자비를 베푸시어,
자연스레 흘러나오는 관대함에 이르도록 이끌어주옵소서.
예수님의 이름으로 치유기도 드립니다. 아멘.

"내가 너희에게 분부한 모든 것을 가르쳐 지키게 하라 볼지어다 내가 세상 끝날까지 너희와 항상 함께 있으리라 하시니라" 〈마 28:20, 개역개정〉

죽음을 받아들일 수 없을 때 드리는 치유기도

하나님,
하나님의 피조물인 저는
죽음의 사실을 면하려고 애를 쓰고,
그것을 일부러 마음에 두려 하지 않지만,
내면 깊은 곳에서
저는 그것이야말로 경고의 징표이며,
제 온갖 이기심과 죄에 대하여
날마다 죽으라는 촉구임을 알고 있습니다.
삶은 하나님의 성자이시며
제 영혼의 친구이신 예수 그리스도,
곧 너무도 명백히 하나님의 참 성자이시고
너무도 확실히 궁극적 인류의 원형이신
그분 안에서처럼
제 안에서도 강렬하기 그지없습니다.
그러므로 간절히 비오니,
제가 마지막으로 이 땅을 떠날 시간이 다가올 때,
제가 큰 걸음으로 죽음을 취하게 해주옵소서.
인간의 생사화복을 주관하시는,
우리 구주 예수 그리스도의 이름으로 치유기도 드립니다. 아멘.

"하나님이 세상을 이처럼 사랑하사 독생자를 주셨으니 이는 그를 믿는 자마다 멸망하지 않고 영생을 얻게 하려 하심이라" 〈요 3:16, 개역개정〉

중년의 위기를 만났을 때 드리는 치유기도

주님,
중년의 한창나이에 죽음의 문으로 들어가는가 싶었습니다.
남은 생을 빼앗긴다는 생각도 들었습니다.
히스기야의 절박한 심정이 대번에 이해되었습니다.
주님, 제비처럼 학처럼 애타게 소리 지르고,
비둘기처럼 구슬피 울었습니다.
눈이 멀도록 하늘을 우러러보았습니다.
주님, 괴롭습니다.
이 고통에서 저를 건져주옵소서.
제 영혼이 번민에 싸여 있으므로 잠을 이룰 수가 없습니다.
주님, 주님만 섬기고 살겠습니다.
부디 저를 낮게 하시어 다시 일어나게 해주옵소서.
이 아픔이 평안으로 바뀌게 해주옵소서.
이 몸을 멸망의 구덩이에서 건져주시고,
제 모든 죄를 용서해 주옵소서.
주님, 제 병을 낫게 해주옵소서.
그리하면 제가 수금을 뜯으며 주님을 찬양하겠습니다.
사는 날 동안 주님의 성전에서 주님을 찬양하겠습니다.
예수님의 이름으로 치유기도 드립니다. 아멘.

"나의 말이 나의 하나님이여 나의 중년에 나를 데려가지 마옵소서 주의 연
대는 대대에 무궁하니이다" 〈시 102:24, 개역개정〉

지쳤을 때 드리는 치유기도

주님,
좀 더 많은 힘과 능력이 필요합니다.
저는 힘이 다 빠져버렸습니다.
너무나도 지쳤습니다.
해야 할 일들을 다 수행할 만한 힘이 저에게는 없습니다.
그릇된 생각들이 저를 지치게 하고 있다면,
제 생각을 변화시켜 주옵소서.
주님의 신적인 능력과 조화를 이루게 하옵소서.
제가 주님과 가까이 있을 수 있도록 지켜주옵소서.
주님은 절대로 사라지지 않을 힘의 원천이십니다.
이제 제가 이 위대하고 새로운 힘을 받았으니,
주님께 감사를 드립니다.
예수님의 이름으로 치유기도 드립니다. 아멘.

"나는 마음이 온유하고 겸손하니 나의 멍에를 메고 내게 배우라 그리하면 너희 마음이 쉼을 얻으리니 이는 내 멍에는 쉽고 내 짐은 가벼움이라 하시니라" 〈마 11:29-30, 개역개정〉

지혜와 인도를 간구하는 치유기도

지혜로우신 주님,
저는 주님께서 베푸시는 사랑의 임재 안에 들어가, 제가 직면한 수많은 어려움에 대하여 주님의 지혜를 구합니다. 잘못된 결정을 내릴까 봐, 두려움에 압도되고 불확실합니다. 제가 내린 결정의 결과는 저뿐만 아니라, 제가 사랑하고 저를 의지하는 많은 사람들에게 영향을 미칩니다. 제 간구를 들어주셔서 감사합니다. 주님은 결코 저를 떠나거나 버리지 않겠다고 말씀하셨습니다.

주님, 저는 이 시간을 제 삶과 제 마음속에 품고 있는 사람들의 삶에서 주님의 뜻을 구하는 데 따로 내어놓았습니다. 제 마음을 주님께서 속삭이시는 사랑의 음성에 맞춰 주옵소서. 제 생각을 주님의 생각에, 제 마음을 주님의 부드러운 사랑과 자비의 마음에 묶어 주옵소서. 저를 잘못된 길로 인도하려는 수많은 목소리를 잠재워 주옵소서. 제가 주님의 임재 안에 앉아 있을 때, 하나님의 전신갑주, 특히 구원의 투구로 저를 덮어 주시고, 제 생각을 보호해 주옵소서. 이 상황에 대해 제가 가졌던 모든 부정적인 생각과 판단을 주님께 드립니다. "모든 생각을 사로잡아 주님께 순종하게 하시는"(고린도후서 10:4-5) 은혜를 주옵소서.

주님, 무엇을 해야 할지 모를 때, 저는 너무나 연약하고 외롭고 약하고 불확실하게 느껴집니다. 주님께서 저를 위해 계획하신 길을 따라가는 것을 막는, 모든 회의와 두려움을 제거해 주옵소서. 저는 앞으로 나아갈 길을 모르지만, 주님은 아십니다. 제 마음과 생각을 열어, 주님의 인도하심을 듣게 해주옵소서. 제 안에 있는 무지함을 깨뜨려, 이 상황에서 주님의 계획을 분명히 볼 수 있게 해주옵소서. 주님의 거룩한 천사들, 특히 치유하는 천사들을 보내시어, 제 어둠을 밝히시고, 어둠을 다 몰아내 주옵소서. 주님, 천사들을 보내시어, 저를 보호해 주시니 감사합니다. 제 마음을 주님의 뜻에서 돌이키게 하는 두려움과 불안으로부터 저를 보호해 주옵소서. 주님은 제 피난처시오, 든든한 은신처이시니, 주님께서 펼치시는 사랑의 보호 아래, 안전하게 거할 줄 믿습니다. 악한 자의 거짓과 속임수와 유혹으로부터 제 마음을 지켜주옵소서. 항상 생명으로 인도하는 길을 걸을 용기와 결단력을 주시고, 쉬운 길로 가지 않도록 해주옵소서.

모든 지혜의 근원이신 주님, 주님의 음성을 분명히 들을 수 있을 때까지 주님의 마음 안에 거할 은혜를 주옵소서. 가야 할 길을 볼 때까지 인내와 끈기로 기다릴 수 있도록 도와주옵소서. 주님께 굴복하는 순종의 길로 인도해 주옵소서. 온 마음을 다해 주님께 의지하며, 소망과 확신 가운데 살 수 있도록 은혜를 베풀어 주옵소서. 제 뜻을 주님의 뜻에 맡깁니다. 제 미래와 안전, 그리고 제 결과를 주님께 맡깁니다. 주님을 온전히 신뢰할 때까지, 더 깊은 믿음을 주옵소서. 지금, 그리고 영원히, 주님의 지시를 따를 수 있는 힘과 지혜를 구합니다. 주님께서 제게 요구하시는 모든 것에 온전히 굴복합니다.

주님, 제 마음이 주님 앞에 겸손히 통회합니다. 주님의 선하심과 돌보심으로, 제가 가야 할 길을 보여 주옵소서. 주님을 기다리는 동안, 제 안에 기꺼이 흔들리지 않는 영을 새롭게 해주옵소서. 오직 주님만을 신뢰합니다. 주님의 끊임없는 사랑이 저를 통해 흘러 넘친다는 것을 깊이 인식하게 해주옵소서. 예수 그리스도의 이름으로 치유기도 드립니다. 아멘.

"너희 중에 누구든지 지혜가 부족하거든 모든 사람에게 후히 주시고 꾸짖지 아니하시는 하나님께 구하라 그리하면 주시리라" 〈약 1:5, 개역개정〉

직장생활이 힘들 때 드리는 치유기도

주님,
매일 아침, 기대와 설렘을 안고, 하루를 시작할 수 있게 하옵소서.
항상 미소를 잃지 않게 하시어, 나 때문에 남들이 얼굴 찡그리지
않게 하옵소서. 윗사람과 선배를 존경하고, 아울러 동료와 아랫사
람을 사랑할 수 있게 하옵소서. 아부와 질시를, 교만과 비굴함을
멀리하게 하옵소서.

하루에 한 번쯤은 하늘을 쳐다보고, 넓은 바다를 상상할 수 있는
마음의 여유를 주옵소서. 일주일에 몇 시간쯤은 한 권의 책과, 친
구나 가족과 더불어 보낼 수 있는 오붓한 시간을 갖게 하옵소서.
한 가지 이상의 취미를 갖게 하시어, 한 달에 하루쯤은 지나온 나
날들을 반성하고, 미래와 인생을 설계할 수 있는, 시인인 동시에
철학자가 되게 해주옵소서.

작은 일에도 감동할 수 있는 순수함과, 큰일에도 두려워하지 않는
대범함을 지니게 하옵소서. 적극적이고 치밀하면서도 다정다감
한 사람이 되게 하옵소서. 나 자신의 실수를 솔직히 시인할 수 있
는 용기와, 남의 허물을 따뜻이 감싸줄 수 있는 포용력과, 고난을
끈기 있게 참을 수 있는 인내를 더욱 길러 주옵소서.

주님, 직장인으로서 홍역의 날들을 무사히 넘기게 해주옵소서. 남
보다 한발 앞서감이 영원한 앞서감이 아님을 인식하게 하시고, 또

한 한 걸음 뒤처짐이 영원한 뒤처짐이 아님을 알게 하옵소서. 자기반성을 위한 노력을 게을리하지 않게 하시고, 늘 창의력과 상상력이 풍부한 사람이 되게 하옵소서. 매사에 충실하여 나태에 빠지지 않게 해주시고, 매일 보람과 즐거움으로 충만한 하루를 마감할 수 있게 하여 주옵소서.

그리하여 이 직장을 그만두는 날, 아니 생을 마감하는 날에, 과거는 전부 아름다웠던 것처럼, 내가 만나고 헤어지고 또는 다투고 이야기 나눈 모든 사람을 떠올리며, 살며시 미소 짓게 하옵소서. 예수님의 이름으로 치유기도 드립니다. 아멘.

"형제를 사랑하여 서로 우애하고 존경하기를 서로 먼저 하며 부지런하여 게으르지 말고 열심을 품고 주를 섬기라" 〈롬 12:10-11, 개역개정〉

진실하게 간구하며 용서를 선언하는 치유기도

주님,
복음의 기쁜 소식을 듣게 하시니 감사합니다.
시편 145편 18-19절에 말씀하셨지요?
"여호와께서는 자기에게 간구하는 모든 자,
곧 진실하게 간구하는 모든 자에게 가까이 하시는도다.
그는 자기를 경외하는 자들의 소원을 이루시며,
또 그들의 부르짖음을 들으사 구원하시리로다."
이 말씀에 의지하여,
제 죄가 깨끗이 용서받았음을 선언합니다.
예수님의 이름으로 치유기도 드립니다. 아멘.

"여호와께서는 자기에게 간구하는 모든 자 곧 진실하게 간구하는 모든 자에게 가까이 하시는도다 (19) 그는 자기를 경외하는 자들의 소원을 이루시며 또 그들의 부르짖음을 들으사 구원하시리로다" 〈시 145:18-19, 개역개정〉

진정한 행복이 무엇인지를 묻고 싶을 때 드리는 치유기도

하나님,

누군가의 절절한 고백처럼, 저 또한 무엇이나 얻을 수 있는 힘을 달라고 하나님께 구했으나, 이렇게 약한 몸으로 태어나 겸손히 복종하는 법을 배웠습니다. 큰일을 하기 위하여 건강을 구했으나, 도리어 몸에 병을 얻어 좋은 일을 할 수 있게 되었습니다. 부를 얻어 행복하기를 간구했으나, 가난한 이가 됨으로써 오히려 지혜를 배웠습니다. 한번 높은 자리에 올라 만인의 찬사를 얻기 원했으나, 번번이 실패해 하나님만 의지하게 되었습니다. 삶을 즐기기 위하여 온갖 좋은 것을 다 바랐건만, 하나님께서는 저에게 영생을 주사 가장 좋은 것을 누릴 수 있게 하셨습니다. 제가 바라고 원하는 것은 어찌 보면 하나도 받지 못한 것 같으나, 은연중 제 바라는 것을 모두 다 얻었나니, 참으로 저는 만인 중에서 가장 행복한 사람입니다. 이 정도 행복이면 충분합니다. 하나님, 이 정도 행복이면 정말 충분합니다. 감사, 감사, 감사드리며, 예수님의 이름으로 치유기도 드립니다. 아멘.

"그가 비록 천 년의 갑절을 산다 할지라도 행복을 보지 못하면 마침내 다 한 곳으로 돌아가는 것뿐이 아니냐" 〈전 6:6, 개역개정〉

질병으로 고난을 겪을 때 드리는 치유기도

그 누구보다도 자애로우신 하나님,
제 고난과 질병을 불쌍하게 여겨 주옵소서.
제 몸을 치료하여 주옵소서.
제 마음을 강하게 하여 주옵소서.
흐트러진 제 마음을 가라앉혀 주옵소서.
불안한 제 마음을 고요케 하여 주옵소서.
또한 제 두려움도 제거해 주옵소서.
하나님을 기쁘시게 해 드리기 위해서라면,
평화와 인내와 끈기와 신뢰로,
제 앞에 펼쳐진 경기장을 끝까지 달려가겠습니다.
하나님, 제 부르짖음을 들어주옵소서.
저에게서 하나님의 성령을 빼앗아 가지 마옵소서.
저를 용서하시고 하늘의 복을 내려주옵소서.
예수님의 이름으로 치유기도 드립니다. 아멘.

"고난 당한 것이 내게 유익이라 이로 말미암아 내가 주의 율례들을 배우게
되었나이다" 〈시 119:71, 개역개정〉

질병으로 약해졌을 때 드리는 치유기도

주님,
지금 제 몸이 질병으로 너무나 약해져 있습니다.
몸뿐만 아니라 마음도 약해져 있습니다.
자꾸만 위축됩니다.
자꾸만 살 자신이 없습니다.

주님,
하늘에서 보고 계십니까?
약해질 대로 약해진 저를 그렇게 보고만 계시렵니까?

주님,
부디 저를 굽어살펴 주옵소서.
부디 저를 불쌍히 여겨 주옵소서.
부디 제 눈물을 닦아 주옵소서.
부디 제 통곡을 받아주옵소서.
부디 쓰러진 저를 다시 일으켜 세워 주옵소서.

주님,
이대로 완전히 무너지지 않게 하옵소서.
어떻게든 이 어둠을 버텨내게 하옵소서.
제가 끈기 있게 버텨낼 수 있도록 도와주옵소서.

주님,
저에게 주님의 강하신 손을 내밀어 주옵소서.
그래서 제가 약할 때 오히려 가장 강하게 하옵소서.

주님,
지금의 역경이 훗날의 경력이 되게 하옵소서.
죽고 싶은 이 마음이 살고 싶은 저 마음으로 변하게 하옵소서.
자살이 살자가 되게 하옵소서.
예수님의 이름으로 치유기도 드립니다. 아멘.

"예수께서 모든 도시와 마을에 두루 다니사 그들의 회당에서 가르치시며 천국 복음을 전파하시며 모든 병과 모든 약한 것을 고치시니라" 〈마 9:35, 개역개정〉

질병의 의미를 생각하며 드리는 치유기도

주님,
주님은 모든 일에 가장 선하시고 인자하십니다. 주님, 주님의 의로우심만 생각하게 하옵소서. 저에게 주신 이 질병, 이 고통스러운 상태 속에서도, 이방인처럼 행하지 않게 하옵소서. 어떤 어려운 상태에 처하더라도, 주님을 나의 아버지, 나의 하나님으로 섬기던, 그 신비를 잃지 않게 하옵소서. 주님은 주님을 섬기도록 건강을 주셨건만, 저는 이 소중한 건강을 함부로 사용하였습니다. 이제 주님께서는 저를 바로잡으시려 질병을 주셨습니다.

주님, 제가 성급하게 제 병을 다루어, 주님을 노엽게 해 드리지 않도록 하옵소서. 저는 그동안 제 건강을 악용하였습니다. 그리고 주님께서는 저를 적절하게 징계하셨습니다. 주님, 주님의 이 징계를 악용하지 않게 하옵소서. 만일 제 체력이 이어지는 동안, 제 마음이 이 세상에 대한 집착으로 가득하다면, 주님, 제 구원을 위하여 제 체력을 없애 주옵소서. 육체의 허약으로, 사랑의 열망으로, 이 세상을 즐기려 말고, 오직 주님만 기쁘시게 해 드리도록 이끌어주옵소서.

주님, 제 생애의 마지막과 이 세상의 종말을 두고, 주님 앞에서 제 삶, 제 모든 행위를 청산해야 할 때입니다. 나의 하나님, 저를 쇠약함 속에 빠뜨려 주시고, 제가 지녔다고 믿었던 것들을 모조리 파괴하심으로써, 그 무서운 종말의 말을 준비하게 하시니, 이제 제가 살아 있는 동안, 주님을 찬미하고 감사를 드립니다.

주님, 오직 홀로 주님 앞에 서게 하옵소서. 나의 하나님, 제 생애를 이끄시는 주님의 놀라우신 섭리 질서를, 침묵 속에서 홀로 찬미하게 하옵소서. 주님께서 주신 이 고난이 저에게 위로가 되게 하옵소서. 나의 하나님, 제 마음이 얼마나 완고한지, 그리고 얼마나 완악한지, 주님은 아십니다. 여러 가지 생각과 염려와 불안, 그리고 이 세상에 대한 집착으로 가득 차 있습니다. 하여, 주님의 은혜가 없이는, 건강도 질병도 대화도 책도 성경 말씀도 자선도 금식도 고행도 기적도 성만찬도 나의 어떠한 노력도, 아니, 온 세상의 노력조차도, 회개하는 데 아무런 도움이 안 됩니다.

그러므로 전능하신 주님, 주님을 간절히 부릅니다. 주님, 주님을 떠나서 제가 누구를 부르며, 누구에게 의지하겠습니까? 주님 아니시면, 그 무엇으로도 제 기대를 채우지 못합니다. 제가 찾고 제가 구하는 것은, 오직 하나님 한 분뿐이십니다. 주님, 제 마음을 열어 주옵소서. 죄악이 점령했던 이 반역의 자리에 들어오시옵소서. 육체의 병이 영혼의 약이 되게 하옵소서.

주님, 지나간 날들을 돌이켜 보면, 제가 큰 죄를 지을 기회를 주님께서 비켜 지나가게 하셨으므로, 큰 죄를 면했던 일들이 얼마나 많았는지요! 그러나 끊임없이 게을렀고, 가장 존귀한 주님의 성만찬을 악용했고, 주님의 말씀과 영감을 가볍게 여겼습니다. 제 생각과 행동을 무위에 빠지게 하였습니다. 헛수고와 시간을 낭비한 죄로, 주님 앞에서 가장 초라한 이가 되고 말았습니다.

주님, 제 부패한 이성을 바꾸어 주옵소서. 제 심령이 주님에게 적합하도록 은혜를 베풀어 주옵소서. 주님, 이 부패한 흙덩어리 위에 성령을 부어 주옵소서. 주님 앞에 드러난 제 온 존재는 너무도 초라하고 보잘것없습니다. 주님을 기쁘시게 해 드릴 것을, 제 자신 속에서는 하나도 찾을 길이 없습니다.

하오나 주님, 저는 한 가지는 알고 있습니다. 주님을 따르는 것이 최상의 선이요, 주님을 거역하는 것이 최대의 악이라는 것을! 주님, 비오니, 저를 주님께 묶어 주옵소서. 제 마음과 영혼 속에 들어오시어, 좌정하여 주옵소서. 예수님의 이름으로 치유기도 드립니다. 아멘.

"예수께서 들으시고 이르시되 이 병은 죽을 병이 아니라 하나님의 영광을 위함이요 하나님의 아들이 이로 말미암아 영광을 받게 하려 함이라 하시더라" 〈요 11:4, 개역개정〉

질투, 시기심 치유기도

주님,

질투와 시기심의 독에 갇혀, 고통받는 저를 주님께 올려드립니다. 다른 사람의 행복과 성공을 보며, 마음에 솟아나는 시커먼 질투, 이 질투의 뿌리를 뽑아주옵소서. 비교의 덫에 갇혀 스스로를 깎아 내리는, 이 모든 어둠의 권세는 예수 그리스도의 이름으로 떠나갈 지어다! 주님의 사랑으로 제 영혼을 가득 채워주옵소서. 다른 이를 향한 시기심 대신, 진정한 축복과 기쁨으로, 제 영혼이 가득 채워지게 하옵소서. 제가 가진 것에 감사하게 하옵소서. 저에게 주신 은혜를 기뻐하는 마음을 허락하옵소서. 시기심으로 상처 입은 마음을 만져 주옵소서. 타인의 성공을 함께 기뻐할 수 있는 넓은 마음을 주옵소서. 그리하여 제가 이제는 진정한 사랑과 평안을 누리게 하옵소서. 살아 계신 예수 그리스도의 이름으로 치유기도 드립니다. 아멘.

"시기와 다툼이 있는 곳에는 혼란과 모든 악한 일이 있음이라" 〈약 3:16, 개역개정〉

질투가 날 때 드리는 치유기도

주님,
제가 부유하여
자신을 잊지 않게 해주옵소서.
제가 가난하여
주님을 잊지 않게 해주옵소서.

주님,
희망이나 두려움, 즐거움이나 고통,
밖에서 일어나는 일이나 제 안의 연약함 때문에,
내내 의무 행하기를 게을리하지 않게 하시며,
주님 주신 계명의 길을 벗어나지 않게 해주옵소서.

주님,
주님의 영이 영원히 제 안에 거하시어,
제 영혼이 의롭고 자비로워지며,
정직과 경건으로 충만하게 해주옵소서.

주님,
확고하고 한결같은
거룩한 뜻을 품게 하시고,
악에게 굴하지 않게 해주옵소서.

주님,
겸손하고 순종하며,
평화롭고 경건하게 하옵소서.

주님,
제가 이웃의 행복을 질투하지 않게 하옵소서.
제 친구가 잘되는 것을 축복해 주게 하옵소서.
그 축복이 나에게도 돌아오게 하옵소서.

주님,
제 이웃의 멸시를 받지 않게 하시며,
멸시를 받을 때라도
온유와 사랑으로 감당하게 하옵소서.
예수 그리스도의 이름으로 치유기도 드립니다. 아멘.

"내가 걱정하는 것은 여러분을 찾아갔을 때 바람직하지 않은 일이 눈에 띄어 어쩔 수 없이 내가 여러분이 원하지 않는 행동을 해야 되지 않을까 하는 것입니다. 내가 거기서 여러분이 싸우는 것을 보거나 서로 질투를 하고 성깔을 부리며 횡포와 욕설과 험담을 하고 거만하고 무질서하게 행동하는 것을 볼까 봐 두렵습니다." 〈고후 12:20, 현대어〉

집착을 버리고 싶을 때 드리는 치유기도

주님,
주님과 함께,
주님을 통하여,
주님 안에서,
저는 이미 죽었어야 했습니다.
그래서 부활하신 주님이 저에게 오셨을 때,
주님을 알아 뵐 준비가 되어 있었어야 했습니다.
제 속에는 죽어야 할 것이 너무 많습니다.
비오니, 이 치유기도를 통하여,
잘못된 집착을 버리게 하옵소서.
탐욕과 분노를 버리게 하옵소서.
조급함과 인색함도 버리게 하옵소서.
예수님의 이름으로 치유기도 드립니다. 아멘.

"사랑하는 형제들이여, 아직 나는 그 목표에 이르지 못하였습니다. 그래서 그 일을 이루는 데 내 모든 힘을 기울이고 있습니다. 과거의 것에 집착하지 않고 앞에 있는 것을 바라보며 목적지까지 달려서 상을 타려고 열심히 노력하고 있습니다. 이 상은 그리스도 예수께서 우리를 위해 이루신 그 일을 바탕으로 하여 내리는 것입니다. 지금 하나님께서는 이 상을 주시려고 나를 하늘로 부르고 계십니다." 〈빌 3:13-14, 현대어〉

초조할 때 드리는 치유기도

주님,
제가 이 초조한 느낌을 극복할 수 있음을 믿습니다.
제가 위대하신 의사 선생님,
예수 그리스도에 대한 믿음을 통해서,
제 초조한 마음을 바로 볼 수 있게 하옵소서.
주님께서 지금 저를 치료해 주시고 계십니다.
주님, 지금 제가 주님 손을 잡고 있습니다.
이제 저는 주님의 평화를 지녔으니,
두려울 게 하나도 없습니다.
저를 보살펴주옵소서.
부디 저를 도와주옵소서.
예수님의 이름으로 치유기도 드립니다. 아멘.

"그러므로 내 초조한 마음이 나로 하여금 대답하게 하나니 이는 내 중심이
조급함이니라" 〈욥 20:2, 개역개정〉

침묵을 지키고 싶을 때 드리는 치유기도

주님,
지금 제 마음이 너무나 시끄럽습니다.
아스팔트 위를 지나는 차들의 경적소리,
지금 제 마음이 딱 그 심정입니다.
뛰뛰빵빵, 야 비켜, 네가 비켜,
이 시끄러운 소음 속에 침묵을 떨어뜨려 주옵소서.
요동치는 제 마음,
풍랑 이는 제 내면세계에,
주님, 명령하여 주옵소서.
잠잠하라! 고요하라!
잠잠함이라고 하는,
고요함이라고 하는,
주님의 잔잔한 이슬방울을 떨어뜨려 주옵소서.
제 영혼의 고투가 모두 그칠 때까지
저에게서 긴장과 스트레스를 씻어내 주옵소서.
그리하여 정돈된 제 삶이
주님의 아름다우신 평화를 고백하게 하옵소서.
예수님의 이름으로 치유기도 드립니다. 아멘.

"예수께서 깨어 바람을 꾸짖으시며 바다더러 이르시되 잠잠하라 고요하라
하시니 바람이 그치고 아주 잔잔하여지더라" 〈막 4:39, 개역개정〉

탕자 생활을 멈추고 싶을 때 드리는 치유기도

주님,
저는 탕자입니다.
저는 번번이 그 어디서도 찾을 수 없는
무조건적인 사랑을 갈급해합니다.
참된 사랑이 있는 곳을 무시하고,
오히려 다른 곳에서 그것을 찾으려 고집합니다.
저를 하나님의 자녀요,
내 아버지의 사랑받는 이라고 불러주는,
가정을 자꾸만 떠나려 합니다.
하나님께서 주신 놀라운 은사,
곧 제 건강, 제 지성, 제 감성을
하나님의 영광을 위하여 발전시키려 하지 않습니다.
비오니, 이 모든 방황을 멈추게 하옵소서.
돌아온 탕자가 되게 하옵소서.
예수님의 이름으로 치유기도 드립니다. 아멘.

"이에 일어나서 아버지께로 돌아가니라 아직도 거리가 먼데 아버지가 그를
보고 측은히 여겨 달려가 목을 안고 입을 맞추니" 〈눅 15:20, 개역개정〉

트라우마, 외상, 상처를 위한 8단계 치유기도

아버지,
제 마음이 왜 이렇게 힘든지 아시지요? 이 트라우마, 이 외상, 이 상처, 너무나 고통스럽습니다. 잠이 오지 않습니다. 살맛이 나지 않습니다. 너무 화가 납니다. 모든 것을 포기하고 싶습니다.

아버지, 아버지께서 그들을 용서하신 것처럼, 저도 그들을 용서합니다. 아버지께서 그들을 풀어주신 것처럼, 저도 그들을 풀어줍니다.

아버지, 저는 저를 수치스럽게 만들고, 죄책감을 느끼게 하고, 정죄하게 하는, 악한 세력을 깨트립니다. 이제부터는 그것들이 저를 규정짓고 괴롭히지 못합니다.

아버지, 저는 어둠의 세력이 저에게 부여한 모든 것들을 취소합니다. 이 시간 이 자리, 트라우마, 외상, 상처를 준 악한 영의 임무를 끊어버립니다.

아버지, 저는 저와 저를 성적으로 유린한 사람 사이의 모든 영혼의 끈, 일심동체로 결합된 것을 끊어버립니다.

아버지, 상처 입은 제 영혼을 치유해 주옵소서. 제 마음을 치유해 주옵소서. 제 감정을 치유해 주옵소서. 제 정체성을 저를 위한 아버지의 본디 꿈으로 회복시켜 주옵소서.

아버지, 제가 예수님의 이름으로 명령합니다. 나에게 트라우마, 외상, 상처를 입힌 모든 충격적인 이미지와 기억은 말라 죽을지어다.

아버지, 제가 예수님의 이름으로 명령합니다. 모든 시스템 안에 있는 근육 기억은 내 모든 트라우마, 외상, 상처를 해제할지어다.

아버지, 트라우마, 외상, 상처가 차지한 제 삶, 제 몸, 제 혼, 제 영의 모든 영역을, 성령님을 보내시어, 가득 채워주옵소서.

(이어서 트라우마 극복 후, 새 창조를 선포하는 축복기도를 드린다.)

아버지, 아버지께서 말씀하신 대로, 저는 이제 그리스도 안에서 새로운 피조물입니다. 이전 것은 지나갔고, 모든 것이 새로워졌습니다.

아버지, 저는 예수님 안에 있고, 예수님은 제 안에 계십니다. 제 안에 계신 분이 세상에 있는 자보다 크십니다.

아버지, 저는 왕의 자녀입니다. 저는 예수님과 함께 공동 상속자입니다. 예수님이 사시고 지불하신 모든 것은 제 유업입니다.

아버지, 저는 사랑받고 있습니다. 저는 용서 받았습니다. 저는 예수님 피로 정결케 되었습니다.

아버지, 저는 제가 가장 사랑하는 예수님 안에서 받아들여졌습니다. 저는 그리스도와 함께 십자가에 못 박히신 그분의 성령으로 충만합니다.

아버지, 저는 그분과 함께 죽었습니다. 저는 그분과 함께 묻혔습니다. 저는 그분과 함께 부활했습니다.

아버지, 저는 모든 통치와 모든 능력과 모든 권위보다 훨씬 더 뛰어나시고, 일컫는 모든 이름보다 훨씬 더 뛰어나신, 하늘에 계신 그분과 함께 앉아 있습니다.

아버지, 저는 세상의 소금입니다. 저는 세상의 빛입니다. 저는 하나님을 사랑하는 사람, 곧 그의 뜻대로 부르심을 입은 사람이기에, 제가 그리스도의 형상과 모습을 본받을 수 있도록, 모든 것이 합력하여 선을 이룹니다.

아버지, 저는 그리스도 안에서 모든 것을 할 수 있습니다. 제 안에 계신 분이 세상에 있는 자보다 크시기 때문입니다.

이 모든 말씀, 만물을 새롭게 하시는, 예수 그리스도의 이름으로 치유기도 드립니다. 아멘.

"그런즉 누구든지 그리스도 안에 있으면 새로운 피조물이라 이전 것은 지나갔으니 보라 새것이 되었도다" 〈고후 5:17, 개역개정〉

티 없이 파란 하늘을 바라보며 내 죄를 고백하는 치유기도

생명의 주님,

티 없이 파란 하늘을 바라보며 저를 돌아보니, 주님께서 주신 은총이 제 안에 이미 가득합니다. 주님은 저에게 아름다운 인생을 주시고, 좋은 가정을 주시고, 귀한 교회를 주셨습니다. 저로 하여금 의로운 일을 하게 하시고, 일용할 양식에 부족함이 없게 하셨습니다. 마땅히 제 입술에서는 주님을 향한 감사기도와 찬양의 노래가 끊임이 없어야 했습니다. 제 마음에서는 주님을 사모하는 그리움과 말씀을 찾는 간절함이 불타올라야 했습니다. 그러나 제 입술에서 찬양이 나오지 않고, 제 마음에서 주님을 부르지 않는 것은, 제가 받은 은총을 헤아리지 못하기 때문입니다. 주님의 은총을 깨닫는 심령의 눈이 어둡기 때문입니다. 주님, 제 눈을 열어 주옵소서. 주님의 은총을 깨닫고 누리게 하옵소서. 예수님의 이름으로 치유기도 드립니다. 아멘.

"자기의 죄를 숨기는 자는 형통하지 못하나 죄를 자복하고 버리는 자는 불쌍히 여김을 받으리라" 〈잠 28:13, 개역개정〉

평화의 도구가 되지 못한 죄를 고백하는 치유기도

주님,
저는 지난주 평화의 도구가 되지 못했습니다.
미움이 있는 곳에 사랑을 심지 못했습니다.
상처가 있는 곳에 용서를 심지 못했습니다.
분열이 있는 곳에 일치를 심지 못했습니다.
의혹이 있는 곳에 믿음을 심지 못했습니다.
오류가 있는 곳에 진리를 심지 못했습니다.
절망이 있는 곳에 희망을 심지 못했습니다.
어둠이 있는 곳에 광명을 심지 못했습니다.
슬픔이 있는 곳에 기쁨을 심지 못했습니다.
위로하기보다는 위로받으려 하였고,
이해하기보다는 이해받으려 하였으며,
사랑하기보다는 사랑받으려 하였고,
제 자신을 온전히 줌으로써 영생을 얻게 하지도 못했습니다.
주님, 저에게 이 시간 자비를 베푸시어,
저를 평화의 도구로 써 주옵소서.
예수님의 이름으로 치유기도 드립니다. 아멘.

"좋은 소식을 전하며 평화를 공포하며 복된 좋은 소식을 가져오며 구원을
공포하며 시온을 향하여 이르기를 네 하나님이 통치하신다 하는 자의 산을
넘는 발이 어찌 그리 아름다운가" 〈사 52:7, 개역개정〉

피곤할 때 드리는 치유기도

주님,
피곤하고 지친 이 몸,
주님의 날개 아래 깃들고 싶습니다.
"수고하고 무거운 짐 진 이들아,
다 내게로 오라.
내가 너희를 쉬게 하리라.
나는 마음이 온유하고 겸손하니,
나의 멍에를 메고 내게 배우라.
그러면 너희 마음이 쉼을 얻으리니,
이는 내 멍에는 쉽고 내 짐은 가벼움이라."
주님, 피곤하고 지친 이 몸,
주님 품 안에 안기고 싶습니다.
우리 주 예수 그리스도의 이름으로 치유기도 드립니다. 아멘.

"수고하고 무거운 짐 진 자들아 다 내게로 오라 내가 너희를 쉬게 하리라 나
는 마음이 온유하고 겸손하니 나의 멍에를 메고 내게 배우라 그리하면 너희
마음이 쉼을 얻으리니 이는 내 멍에는 쉽고 내 짐은 가벼움이라 하시니라"
〈마 11:28-30, 개역개정〉

하나님의 뜻을 분별하기 위한 치유기도

하나님,
라인홀드 니버의 기도처럼,
바꿀 수 없는 것은
받아들일 수 있는 평온을,
바꿀 수 있는 것은
바꿀 수 있는 용기를,
그리고 이 둘의 차이를
분별할 수 있는 지혜를 주옵소서.
예수님의 이름으로 치유기도 드립니다. 아멘.

"우리가 이것을 말하거니와 사람의 지혜가 가르친 말로 아니하고 오직 성령께서 가르치신 것으로 하니 영적인 일은 영적인 것으로 분별하느니라 육에 속한 사람은 하나님의 성령의 일들을 받지 아니하나니 이는 그것들이 그에게는 어리석게 보임이요, 또 그는 그것들을 알 수도 없나니 그러한 일은 영적으로 분별되기 때문이라" 〈고전 2:13-14, 개역개정〉

하나님의 뜻을 알기 위한 치유기도

아버지 하나님,
하나님께서는 저를 사랑하시는 아버지이십니다. 하나님의 자녀인 제가 지속적이고 끊임없이 변화하도록 지으셨습니다. 하나님의 자녀인 제가 아버지 하나님과 친밀한 관계 속에서, 아버지 하나님을 알고 사랑하도록 창조하셨습니다. 아버지 하나님께서는 하나님의 자녀인 저를 위하여 선명한 계획과 목적을 가지고 계십니다. 제 삶을 향한 아버지 하나님의 길을 보여 주옵소서.

아버지 하나님, 저는 자녀인데도 아버지 하나님과 떨어져 살려고 했습니다. 아버지 하나님의 뜻을 구하지 않았습니다. 이제 저는 아버지 하나님께 온전히 헌신합니다. 제 마음속에 들어오시옵소서. 아버지 하나님을 기쁘시게 하지 못했던 제 많은 행동과 말을 용서해 주옵소서. 알고 있든 모르고 있든, 하나님의 자녀로서 제 모든 죄를 회개합니다.

예수님, 제가 아버지 하나님께 용서받고 치유 받을 수 있도록 십자가에서 희생해 주셔서 감사합니다. 예수님의 자비하심과 용서하심에 감사드립니다. 저를 성령으로 채워주옵소서. 제 마음을 예수님의 빛으로, 제 뜻을 예수님의 힘으로, 제 몸을 예수님의 건강으로, 제 감정을 예수님의 치유로 가득 채워주옵소서. 제 존재 전체를 예수님의 생명으로 가득 채워주옵소서.

예수님, 제가 예수님을 본받게 하옵소서. 그리하여 제 삶이 항상 예수님의 빛나는 임재와 사랑을 반영하게 하옵소서. 예수님의 이름으로 치유기도 드립니다. 아멘.

"영접하는 자 곧 그 이름을 믿는 자들에게는 하나님의 자녀가 되는 권세를 주셨으니" 〈요 1:12, 개역개정〉

하나님의 뜻이 어디에 있는지 답답할 때 드리는 치유기도

주님,
성 프란치스코의 기도처럼,
저를 평화의 도구로 써 주옵소서.
미움이 있는 곳에 사랑을,
상처가 있는 곳에 용서를,
분열이 있는 곳에 일치를,
의혹이 있는 곳에 믿음을,
오류가 있는 곳에 진리를,
절망이 있는 곳에 희망을,
어둠이 있는 곳에 광명을,
슬픔이 있는 곳에 기쁨을 심게 하옵소서.
위로받기보다는 위로하며,
이해받기보다는 이해하며,
사랑받기보다는 사랑하며,
자기를 온전히 줌으로써 영생을 얻게 하옵소서.
주님, 저를 평화의 도구로 써 주옵소서.
예수님의 이름으로 치유기도 드립니다. 아멘.

"내가 네 갈 길을 가르쳐 보이고 너를 주목하여 훈계하리로다" 〈시 32:8,
개역개정〉

하나님의 현존에 충분히 응답하지 못한 죄를
고백하는 치유기도

영원하신 하나님,

하나님의 말씀은 제 발의 등불이요, 제 길의 빛입니다. 저는 제 삶 속에서 하나님의 은혜로우신 현존에 충분히 응답하지 못했음을 인정하며 고백합니다. 예수 그리스도를 통하여 하나님께서는 저에게 새 생명과, 온전함과, 하나님을 섬길 자유를 주셨습니다. 저는 제가 죄에 사로잡혀 있고, 제가 제 죄 때문에 거짓 교만에 얽매여 있으며, 제가 행하는 악이 제가 행하지 않고 있는 선에 따라, 더욱 사악해지고 있음을 고백합니다. 제가 하나님과, 그리고 모든 사람과, 화해할 수 있도록 해주옵소서. 자비하신 하나님, 제 온갖 죄를 용서해 주시고, 저에게 힘을 주시어, 제가 하나님의 뜻대로 새롭게 살아가도록 해주옵소서. 예수님의 이름으로 치유기도 드립니다. 아멘.

"내 아들아 네 아비의 명령을 지키며 네 어미의 법을 떠나지 말고 그것을 항상 네 마음에 새기며 네 목에 매라 그것이 네가 다닐 때에 너를 인도하며 네가 잘 때에 너를 보호하며 네가 깰 때에 너와 더불어 말하리니 대저 명령은 등불이요 법은 빛이요 훈계의 책망은 곧 생명의 길이라" 〈잠 6:20-23, 개역개정〉

하나님이 멀찍이 계신 것 같을 때 드리는 치유기도

하나님,
하나님이 기도 가운데 부르짖는 이들에서 멀찍이 계시는, 이방인이 결코 아니시라는 말을 수도 없이 들어온 저입니다. 하나님, 그 말이 참되다는 것을 제가 지금 삶 속에서 보고 알게 해주옵소서. 제가 마음 깊은 데서, 하나님의 성자, 예수 그리스도, 제 구세주를 인정할 수 있는 믿음과 기쁨을 주옵소서. 제가 수용적이고 개방적인 사람이 되어, 아빠의 손에서 빵을 받아 떼는 아이들처럼, 하나님의 나라를 받아들이게 해주옵소서. 하나님의 평화 안에서, 이 세상 다하는 날까지, 하나님과 함께, 편히 살게 해주옵소서. 그리스도이신 예수님의 이름으로 치유기도 드립니다. 아멘.

"하나님, 어찌 그렇게도 멀리 떨어져 계시나요. 하나님, 어서 빨리 오셔서 이것을 도와주소서." 〈시 71:12, 현대어〉

하나님이 침묵하시는 것 같을 때 드리는 치유기도

하나님,
하나님께서만 제 사정을 가장 잘 아시오니, 제 비참함을 부디 헤아려 주옵소서.

하나님, 겸손히 비오니, 이 시간 제 강한 보호막이 되어주옵소서. 견딜 수 없을 정도로 고통을 주지는 마옵소서.

하나님, 이 지독한 비참함에서 건져주시든지, 아니면 하나님의 무거운 손과 날카로운 교정하심을 묵묵히 참을 수 있는 은혜를 주옵소서.

하나님, 바로의 손아귀에서 이스라엘 백성을 구하신 것도 하나님의 그 오른손이었습니다. 얼마나 오랫동안 침묵하시렵니까? 영원히 그러시렵니까?

하나님, 하나님은 은혜로우시다는 것을 잊어 버리셨습니까? 불쾌하신 나머지 사랑 어린 친절을 그만 베풀기로 하셨습니까?

하나님, 더 이상 탄원을 받지 않으시렵니까? 하나님의 자비가 깨끗이 영원토록 사라져 버린 겁니까? 하나님의 약속이 완전히 영원토록 끝장나 버린 겁니까?

하나님, 어찌하여 그토록 오랫동안이나 망설이십니까? 하나님은 자비하시다면서요? 제가 하나님의 자비 때문에 절망을 해야 합니까?

하나님, 제발 그런 일이 없도록 해주옵소서. 저는 그리스도 예수 안에서 지음 받은 하나님의 작품입니다. 그러므로 하나님이 뜻하시는 모든 일 속에서 저와 함께 해주옵소서. 하나님께서 뜻하시는 방식대로 고난도 달게 받게 하옵소서.

하나님, 오직 비옵기는, 그동안, 저를 하나님의 두 팔로 품어주시어, 제가 굳건히 설 수 있도록 해주옵소서. 예수님의 이름으로 치유기도 드립니다. 아멘.

"여호와여, 일이 이렇게 되었는데도 주께서는 그저 바라만 보고 계실 수가 있습니까? 주님은 억울하지 않습니까? 어째서 침묵만 지키고 계십니까? 우리를 완전히 없어지게 할 작정이십니까?'" 〈사 64:12, 현대어〉

하늘에서 내리는 평화도
달가워하지 않은 죄를 고백하는 치유기도

거룩하신 하나님,

하나님께서는 별을 보내셔서 동방박사들을 아기 예수께 인도하셨습니다. 그러나 저는 말씀의 빛을 따라 살지 못했음을 고백합니다. 이 세상 속에서 하나님의 사랑을 찾아, 그 사랑을 나누며 살지 못했습니다. 하나님께서 저를 위해 주신 기쁜 소식마저 믿으며 살지 못했습니다. 이 땅에 오신 예수님을 찬미하는 일도 제대로 하지 않았습니다. 하늘에서 내리는 평화도 달가워하지 않았습니다. 자비로우신 하나님, 믿음이 없는 저를 용서하시고, 저를 새롭게 하여 주옵소서. 마음을 활짝 열어, 저에게 오시는 예수님을 공손히 맞이하도록 도와주옵소서. 예수님께서 전해 주시는 복음을 듣고, 기뻐 뛰는 제가 되게 하여 주옵소서. 예수님의 이름으로 치유기도 드립니다. 아멘.

"만일 우리가 죄가 없다고 말하면 스스로 속이고 또 진리가 우리 속에 있지 아니할 것이요 만일 우리가 우리 죄를 자백하면 그는 미쁘시고 의로우사 우리 죄를 사하시며 우리를 모든 불의에서 깨끗하게 하실 것이요" 〈요일 1:8-9, 개역개정〉

하루 종일 어떻게 달려왔는지 모르겠을 때 드리는 치유기도

주님,

어떤 날은 하루 종일 어떻게 달려왔는지, 하는 일에 너무 빠져서, 기도를 뒤로 미루게 되었음을 고백합니다. 하나님 아버지, 제가 이 거룩한 습관을 게을리한 것을 용서해 주옵소서. 기도로 과거 저와 다른 사람들을 축복했던 많은 순간을 기억하게 도와주옵소서. 기도하면서 과거 제가 주님과 매우 가깝다고 느꼈던 순간들을 기억하도록 도와주옵소서. 그리고 다시 주님을 찾는 것이 일상생활의 필수적이고 자연스러운 부분이 되게 하옵소서. 성령님, 강하게 더 강하게 일하시옵소서. 주 예수의 이름으로 명하노니, 이 기도 생활의 어려움이 깨끗이 치유될지어다. 베드로전서 2장 24절 말씀대로, 주님께서 채찍에 맞으실 때, 제 기도 생활의 어려움이 이미 치유되었음을 믿음으로 선포합니다. 믿음대로 될지어다. 예수님의 이름으로 치유기도 드립니다. 아멘.

"그러므로 너희 죄를 서로 고백하며 병이 낫기를 위하여 서로 기도하라 의인의 간구는 역사하는 힘이 큼이니라" 〈약 5:16, 개역개정〉

하지 말아야 할 일을 한 죄를 고백하는 치유기도

자비로우신 하나님,
제가 생각과 말과 행동으로,
하나님께 죄를 지었음을 고백합니다.
저는 해야 할 일은 하지 않고,
하지 말아야 할 일은 했습니다.
저는 온 맘으로 하나님을 사랑하지 않았습니다.
이웃을 내 몸처럼 사랑하지도 않았습니다.
이 시간, 진심으로 뉘우치며 겸손히 회개합니다.
하나님의 성자 예수 그리스도를 보시어,
저를 불쌍히 여기시고 용서를 베풀어 주옵소서.
제가 하나님의 뜻을 기뻐하고,
하나님께서 원하시는 길을 걸어가며,
하나님의 이름에 영광을 돌리게 해주옵소서.
예수님의 이름으로 치유기도 드립니다. 아멘.

"우리가 우리에게 죄지은 모든 사람을 용서하오니 우리 죄도 사하여 주시옵
고 우리를 시험에 들게 하지 마시옵소서 하라" 〈눅 11:4, 개역개정〉

화가 날 때 드리는 치유기도

사랑하는 주님,

제 마음이 왜 이럴까요? 이러면 안 되는데 싫으면서도, 도무지 참을 수가 없습니다. 왜 저 사람이 나한테 이러는가, 생각하면 할수록 괘씸합니다. 분통이 터지고, 잠도 오지 않습니다. 밥맛도 없고, 도무지 일이 손에 잡히지 않습니다.

사랑하는 주님, 저를 굽어살펴 주옵소서. 제 마음을 어루만져 주옵소서. 저는 할 수 없으나 주님은 하실 수 있사오니, 부디 제가 마음의 평정을 찾게 해주옵소서. 저는 분노라는 단어가 오히려 저에게 상처를 입혀, 이 감정을 붙잡고 있을수록 고통스러워질 뿐임을 잘 알고 있습니다.

사랑하는 주님, 이제 _____를 위해서, 그리고 나아가 저를 위해서, 용서라는 단어를 떠올리게 해주옵소서. 제가 _____를 용서하기 전에, 주님께서 저를 용서하신 것을 기억하게 해주옵소서. 하찮은 것들에 더 이상 맘 쓰지 않게 해주옵소서. 도우시어, 용서하고 잊어버리게 해주옵소서. 마음이 고요해짐으로, 만물이 새로워짐을 느끼게 해주옵소서. 주님의 은총을 기다립니다. 우리 주 예수 그리스도의 이름으로 치유기도 드립니다. 아멘.

"분을 내어도 죄를 짓지 말며 해가 지도록 분을 품지 말고 (27) 마귀에게 틈을 주지 말라" 〈엡 4:26-27, 개역개정〉

화병 치유기도

상한 마음을 싸매시는 주님,

가슴에 맺힌 응어리와 끓어오르는 분노의 불씨를 주님께 드립니다. 말할 수 없어, 숨 막히는 가시밭길을 홀로 걸어온, 이 마음의 짐을 불쌍히 여겨 주옵소서. 주님, 영혼을 적시는 생수의 강물을 부으시어, 제 안에 타오르는 진노의 불을 꺼주옵소서. 모든 앙금과 미움의 짐을 주님의 따스한 손에 내려놓게 하옵소서. 깨끗한 샘물처럼 제 마음을 정결하게 하옵소서. 굳게 닫힌 마음의 문을 열어, 용서의 빛을 보게 하옵소서. 이제 무거운 짐에서 벗어나, 자유로운 날개로 날아오르게 하옵소서. 분노의 폭풍이 지나간 자리에, 고요한 평화의 바다를 허락하여 주옵소서. 주님 안에서 온전한 쉼과 기쁨을 누리게 하실 것을 믿습니다. 제 상한 마음을 치유하여 주옵소서. 새롭게 하여 주옵소서. 예수 그리스도의 이름으로 치유기도 드립니다. 아멘.

"사람들아, 언제나 하나님을 의지하여라. 그분께 어려운 일마다 낱낱이 아뢰어라. 하나님은 우리의 피난처시로다." 〈시 62:8, 현대어〉

환난 중에 모든 게 혼란스러울 때 드리는 치유기도

하나님,
제 어머니 아버지는
그 극심한 혼란에 빠졌을 때도,
하나님을 끝까지 믿으셨습니다.

하나님,
그 사실을 기억하시지요?
그런데 저도 지금 엉망입니다.
모든 게 혼란스럽습니다.
뭐가 뭔지 하나도 모르겠습니다.
환난의 연속되며, 저는 지금 무너져가고 있습니다.

하나님,
저는 어떻게 해야 합니까?
하나님, 살아 계십니까?
도대체 어디 계십니까?
그래도 살아보려는 이 몸짓, 불쌍하지도 않으십니까?

하나님,
부디 제 온갖 헛된 걱정을 가져가 주옵소서.
부디 제 온갖 소심한 두려움도 가져가 주옵소서.

하나님,
제가 하나님의 뜻을 행할 때,
부디 명랑한 영을 주옵소서.
부디 쾌활한 영을 주옵소서.
부디 평화의 영을 주옵소서.
예수 그리스도의 이름으로 치유기도 드립니다. 아멘.

"내가 환난 중에서 여호와께 아뢰며 나의 하나님께 아뢰었더니 그가 그의 성전에서 내 소리를 들으심이여 나의 부르짖음이 그의 귀에 들렸도다" 〈삼하 22:7, 개역개정〉

회개의 진실한 울음을 터뜨리는 치유기도

주님,
김현승 시인의 절규처럼,
가을에는 기도하게 해주옵소서.
모든 것이 맑아지는 때를 기다려
저에게 겸허한 모국어를 채워주옵소서.

주님,
가을에는 청결하게 해주옵소서.
여름내 조성되었던 체증과 더러움을 맑히사
사회의 부패와 개인의 타성을 일소하여 주옵소서.

주님,
가을에는 회개하게 해주옵소서.
위정자와 온 국민이 저마다 허물을 통감하고
회개의 진실한 울음을 터뜨리게 해주옵소서.

주님,
가을에는 열매 맺게 해주옵소서.
열매가 생명 가진 것들의 마지막 풍속이라면
저에게도 풍성한 성숙이 열리게 해주옵소서.

주님,

가을에는 불타게 해주옵소서.
단풍잎이 그 삶의 정점에서 불탈 때
저도 사랑의 화신으로 불타게 해주옵소서.
예수 그리스도의 이름으로 치유기도 드립니다. 아멘.

"여호와께서 구름 가운데에 강림하사 그와 함께 거기 서서 여호와의 이름을 선포하실새 여호와께서 그의 앞으로 지나시며 선포하시되 여호와라 여호와라 자비롭고 은혜롭고 노하기를 더디 하고 인자와 진실이 많은 하나님이라 인자를 천대까지 베풀며 악과 과실과 죄를 용서하리라 그러나 벌을 면제하지는 아니하고 아버지의 악행을 자손 삼사 대까지 보응하리라" 〈출 34:5-7, 개역개정〉

희망의 문턱 앞에서 드리는 치유기도

주님,
희망의 문턱에서,
주님께 감사의 두 손을 모읍니다.
이 치유기도의 영성순례 과정에서,
이제 그 마지막 회복의 날이
서서히 다가오고 있음을 새삼 느끼게 됩니다.
해가 더 길어지고, 눈은 녹아내리고 있습니다.
햇살은 따스하고, 새들은 노래합니다.
어제는 밤 기도 시간에는 고양이 울음소리도 들었습니다.
희망이 도처에서 그 세미한 음성을 알리고 있습니다.
주님, 이러한 때,
제 영혼이 더욱더 맑아지게 하옵소서.
희망의 주파수를 맞추듯,
주님의 음성에 주파수를 맞추게 하옵소서.
예수님의 이름으로 치유기도 드립니다. 아멘.

"여호와의 말씀이니라 너희를 향한 나의 생각을 내가 아나니 평안이요 재
앙이 아니니라 너희에게 미래와 희망을 주는 것이니라" 〈렘 29:11, 개역
개정〉

희망이 없다고 느낄 때 드리는 치유기도

나의 주님,

오직 주님의 십자가에만 제 희망이 있습니다. 주님은 스스로를 낮추시어, 고난받고 죽으심으로, 모든 헛된 희망에서 저를 구하셨습니다. 주님 안에서 이생의 모든 허영을 죽이시고, 모든 영원한 것들을 저에게 주셨습니다. 제 희망은 눈으로 볼 수 없는 것에 있습니다. 비오니, 눈에 보이는 보상을 바라지 않게 하옵소서. 제 희망은 인간의 마음으로는 느낄 수 없는 것에 있습니다. 비오니, 마음의 느낌에 흔들리지 않게 하옵소서. 제 희망은 손으로 만질 수 없는 것에 있습니다. 비오니, 손안에 쥘 수 있는 것을 믿지 않게 하옵소서. 그것을 쥐더라도, 죽음이 그 손을 풀어 놓을 것입니다. 그때 제 모든 희망은 사라져 버릴 것입니다. 제가 제 자신이 아니라 주님을 믿게 하옵소서. 제 희망이 건강이나 힘이나 능력이나 인간적인 자원이 아니라, 오직 주님의 사랑에 있게 하옵소서. 제가 주님을 믿으면, 다른 모든 것이 저에게 힘과 건강과 도움이 될 것을 믿습니다. 모든 것이 저를 하늘로 데려갈 것을 믿습니다. 제가 주님을 믿지 않으면, 모든 것이 저를 파멸로 이끌 것입니다. 제 궁극적 희망이 되시는, 예수님의 이름으로 치유기도 드립니다. 아멘.

"무서워 말아라. 힘을 내어라. 우리의 온갖 희망이 오직 우리 주님 여호와께 있다." 〈시 31:24, 현대어〉

:: My Prayer

. . . .

. . . .

. . . .

. . . .

. . . .

. . . .

"무서워 말아라.
힘을 내어라.
우리의 온갖 희망이
오직 우리 주님 여호와께 있다."
〈시 31:24, 현대어〉